黄旭华画传

王艳明 李晗 著

家国情怀

中国科学技术出版社
·北京·

图书在版编目（CIP）数据

黄旭华画传 / 王艳明，李晗著 . -- 北京：中国科学技术出版社，2022.8

（家国情怀）

ISBN 978-7-5046-9396-9

Ⅰ.①黄… Ⅱ.①王… ②李… Ⅲ.①黄旭华—传记—画册 Ⅳ.① K826.16-64

中国版本图书馆 CIP 数据核字（2021）第 272217 号

策划编辑	韩　颖　彭慧元
责任编辑	李双北
责任校对	张晓莉
责任印制	李晓霖
封面设计	中文天地
版式设计	北京麦莫瑞文化传播有限公司

出　　版	中国科学技术出版社
发　　行	中国科学技术出版社有限公司发行部
地　　址	北京市海淀区中关村南大街 16 号
邮　　编	100081
发行电话	010-62173865
传　　真	010-62173081
网　　址	http://www.cspbooks.com.cn

开　　本	710mm×1000mm　1/16
字　　数	95 千字
印　　张	7.5
版　　次	2022 年 8 月第 1 版
印　　次	2022 年 8 月第 1 次印刷
印　　刷	北京瑞禾彩色印刷有限公司
书　　号	ISBN 978-7-5046-9396-9 / K·321
定　　价	49.00 元

（凡购买本社图书，如有缺页、倒页、脱页者，本社发行部负责调换）

编辑委员会

主　　　编：郭　哲　秦德继　唐海英
副 主 编：孟令耘　许　慧　赵　千
编　　　委：韩　颖　吕瑞花　方鹤婷　刘　晓
　　　　　　刘　静　宁德宽　丛中笑　王艳明
　　　　　　张聪聪　段文超　黎华君
特 邀 顾 问：葛能全
编撰办公室：彭慧元　余　君　李双北　何红哲　龚梓健

支持单位

中国科学技术协会　　中国科学院　　中国工程院

前言

2010年5月,"老科学家学术成长资料采集工程"(简称"采集工程")正式启动。这项工作致力于搜集、整理、保存、研究中国科学家的学术成长资料,以此记录和展示中国科学家个人科研生涯与中国现代科技发展历程。老科学家是中国科技事业的宝贵财富。新中国从一个贫穷落后的农业国,成长为一个日益繁荣富强的科技大国,在这一过程中,无数科技工作者献出了辛勤的工作。"十四五"规划关于完善科技创新体制机制中明确"要弘扬科学精神和工匠精神,加强科普工作,营造崇尚创新的社会氛围"。

书写和阅读科学家传记,一方面为学习他们为国家、社会做出的科学成就和贡献,另一方面也是为传承科学精神、汲取科研经验,最重要的是发扬他们难能可贵的精神品质。通过一幅幅真实的照片,将科学家一路的成长、面临的困难、取得的成就娓娓道来,故事资料来源于"采集工程",由"采集工程"学术传记的作者执笔,科学家本人、家属与学生、科技史学者把关,真实呈现科学家的科学人生故事。在这样真实动人的故事里,让青少年感受前辈的人生选择,体验科学人生的悲喜忧戚,并以更高、更远的视角穿越历史,追随科学大师的人生脚步,开创属于自己的道路。

期望读者和我们一起通过阅读科学家的故事,了解和走近科学大师,领略科学家昂扬的风采、宽广的胸怀,让年轻一代从前辈手中接过"家国"责任,将炙热的青春融入飞速发展的新时代。

目录

第一章　少年立志	1
新寮古村	1
仁爱之家	3
九兄弟妹	5
初入学堂	7
启蒙恩师	8
战火求学	10
良师益友	12
志向初开	14
第二章　大学之学	17
踏实学习	17
积极分子	20
护校运动	24
民主堡垒	25
智斗敌特	27
成为党员	29
仓促毕业	30
第三章　十年伏笔	33
党校学习	33
三易工作	34
结缘潜艇	36
美满婚姻	38

第四章　力克重艰	40
"09"工程	40
任重道远	41
艰难开拓	45
执着坚守	49
七朵金花	52
模型研究	55
第五章　蛟龙入海	58
"091"下水	58
论证"092"	60
十年怀胎	64
亲历深潜	65
潜射试验	70
国之重器	73
第六章　誓言无声	78
荒岛十年	78
赫赫无名	81
功勋人生	83
深潜归来	87
第七章　科研之外	91
才艺痴翁	91
和谐之家	93
生日之谬	95
自我总结	98
参考文献	108

第一章 少年立志

> 为什么中国这么大的土地,我却连一块可以安下心来读书的地方都没有?
>
> ——黄旭华

新寮古村

明万历六年(1578),新龙围黄氏族系二世祖心镜公背负始祖鸣鹿公骨殖,自广东饶平西徙,经潮州而至揭阳。一日,出揭阳西门,沿北溪而上四十余里,见一境曰"新寮"之所,群山环抱、两溪相汇、山清水秀、聚气藏风,遂决心在此建厅筑堂,

▲ 黄旭华祖籍地新寮村中三举人故居前的旗杆夹

开山造田，繁衍生息，新寮村自此而兴。

新寮村新中国成立前属广东省揭阳县玉湖镇，现为揭阳市玉湖镇。新寮村循五行风水布局，主要建筑呈现为"三厅一井""三街六巷""下山虎"的客家围龙屋风格，是揭阳客家建筑的典型代表。新寮村古貌至今保存尚好，村道皆为石路，凝淀着新寮村历史人文典故的分柑（大桔）桥、古井、旗杆夹、举人练武石、番仔楼、崇德堂等建筑，历经400余年的岁月打磨依然坚挺，也让新寮村始终氤氲着古朴之风，并于2012年获评为"广东省古村落"。

新寮村黄氏一脉乃客家后裔，迁至新寮依然保持诸多客家传统。黄旭华的祖籍在新寮村，祖父黄华昌是清末的武秀才，育有二子：大儿子黄大林，后改名黄采岩；二儿子黄二林，后改名黄树縠。黄旭华祖屋名"崇德堂"，为新龙围黄氏家族第八代相干公建造而成，至今仍大体完好。

今天，新寮村以原汁原味的客家风貌、深厚的历史人文底蕴、秀丽的田园风光及黄旭华院士故居吸引着潮汕本地乃至全国的游客，成为广东潮汕乡村旅游的一面旗帜。

▼ 黄旭华故居"崇德堂"

仁爱之家

1924年2月24日，黄旭华出生于广东省汕尾市。父亲黄树榖和母亲曾慎其一共生育了九个子女，全部抚养成才，黄旭华排名老三。黄旭华小时候正值民国中期，国家贫弱不堪，饱受列强的飞机及坚船利炮的打击，那时候的他便在心里埋下了一个强国的梦想。

▲ 父亲黄树榖与母亲曾慎其

一次，黄旭华看到海里的蒸汽动力船后，自己动手用木板搭建了一艘木船，为了让船开动起来，黄旭华在船底开了一个洞，以为在洞里燃烧木炭就可以让木船像蒸汽船一样冒着烟"嘟嘟嘟"地开动了。结果，烟是冒出来了，可木船还是一动不动。木船试验虽然没有成功，但是黄旭华勤于思考、善于动手的天赋，为他若干年后统筹领导新中国核潜艇工程，从空白起步到模型入手，面对技术封锁，依然可以开创属于中国自己的核潜艇发展之路，打下了基础。

黄旭华的父亲早年行医，兼营商贸。父亲黄树榖和母亲曾慎其是当地的仁义之士。20世纪20年代后期，海丰田墘一带流行霍乱，当地政府束手无策。黄树榖积极从香港购进药品，免费给当地人使用，阻止了瘟疫的蔓延。日寇入侵后，因

▲ 1993年10月23日，黄旭华偕夫人李世英庆贺母亲百岁

为黄树榖在当地的声望，日本人三番五次拉拢胁迫，都被黄树榖宁死不屈地拒绝了。抗日战争时期，黄树榖不顾生命危险，同有志之士一起秘密抢救、医治并转移20多名伤员。抗战胜利后，为了解决田墘当地的教育资源短缺的问题，黄树榖带头邀约当地的开明之士，集资在田墘镇创办了白沙中学，并亲自到香港聘请林悠如先生（中华人民共和国成立后任中山大学中文系教研室主任、江西大学中文系主任、南昌市政协委员）任校长，为当地的教育作出了较大的贡献。

母亲曾慎其是一名助产士，在一声声清脆的啼哭中，她无数次护佑一个个新生命降临到这个世界。黄旭华说，母亲从不计较钱财，遇到困难的家庭只是象征性地收取一点报酬，她总是宽慰道：不要钱，等孩子长大了，叫我一声"义姆"（干娘）就行。母亲一生帮助了无数的贫苦家庭，也因此广结善缘，后来一家人在逃难时，得到一些产妇家庭的庇护和帮助。

父亲和母亲的思想和行为对子女的影响极大。黄旭华说自己既继承了父亲的勇敢和正直，也延袭了母亲的坚韧和善良，这些品质为他研制核潜艇中克服种种困难奠定了良好的基础。

父母的言传身教为黄旭华树立起了正确的价值观和健康的人生观，为他日后历经艰辛的求学之路奠定了坚实的思想基础。

九兄弟妹

父亲黄树毂和母亲曾慎其一共生育了九个子女，全部抚养成才，黄旭华排名老三。

大哥黄绍忠（后改名黄眷），生于1919年。早年考入国立西南联合大学，毕业于清华大学。黄绍忠思想进步，中学时期就组织了进步学生社团"狂呼社"，进行救亡图存的学生运动。黄绍忠1948年参加革命，1949年清华大学毕业后，随"南下工作团"到广州市军管会文教处参加南方大学的创办工作。

九个兄弟姐妹中，对黄旭华影响最大的就是大哥。黄旭华革命思想的萌芽及理想志趣的形成，有很大部分源自大哥。除黄旭华外，其他弟妹也因为大哥而纷纷参加革命工作。黄绍忠进入南方大学后，大妹黄牧，弟弟黄绍荣、黄绍赞、黄绍美也先后进入南方大学，毕业后参加革

▲ 1946年夏黄旭华（左）与黄绍忠在上海留念

命工作，最后都走上领导或者专业技术岗位。老八黄绍赞在《肇庆文史》第二十辑上用"文中仁"的笔名刊载过一篇文章，题目是《一家六口进南大，各自勤奋写春秋》，详细地介绍了一家人自南方大学开始的工作历程。

二哥黄绍振生于1921年。黄旭华与二哥的感情最好，两人从小一起玩耍，二哥带他上学读书。弟弟黄绍赞回忆，二哥辍学最早、读书最少，是九兄弟妹中经历最坎坷的。黄绍振辍学后一直帮助父母打理家中事务，支持弟弟妹妹们读书。20世纪50年代末至60年代初，当地偷渡成风，黄绍振对香港非常熟悉，既有许多朋友，又有一技之长，完全可以轻松偷渡并成就一番事业。但是，黄绍振考虑到父母都在当地，弟弟妹妹们都参加了革命工作，不能连累他们。最终，他宁可自己饱受磨难，也没有给弟弟妹妹们惹来政治上的麻烦。

老四黄秀春（后改名黄牧）生于1926年，大专毕业，中共党员，1950年7月在广东云浮县卫生局工作，1986年2月调至肇庆市中医院工作。

老五黄绍富生于1929年，中专毕业，1951年11月参加工作，1993年在海丰卫生防疫站站长任上退休。

老六黄秀阳（后改名黄秀园）生于1931年，中专毕业，1951年参加工作，1983年在海丰彭湃纪念医院退休。

老七黄绍荣（后改名黄荣）生于1933年，中共党员，大专毕业。1951年参军，是空军轰炸机的导航员，后在武汉复员转业至湖北省侨办任处长，1993年退休。

老八黄绍赞生于1936年，大专毕业，中共党员，1951年参加工作，最初被分配至云浮工作，后调往肇庆，官至林业局局长。

老九黄绍美，与黄绍赞是孪生兄弟，中共党员，大专毕业，1951年参加工作，曾任外贸局办公室主任。1996年2月在肇庆外经贸委副处级职务退休。

黄旭华回忆，父母虽然一生行医问药，但是依然对许多疾病束手无策，常常

▲ 2011年12月1日，黄旭华与兄妹为父亲扫墓（左起：黄绍赞、黄秀阳、黄绍富、黄旭华、黄秀春、黄绍荣、黄绍美）

要看着病人遭受痛苦而无法救治，也因此责备自己医术不高。潜移默化之下，少年时期的黄旭华希望自己长大以后能够继承父母的事业，成为一名医生，治病救人。

初入学堂

黄旭华四岁时就随七岁的二哥进入了由教会主办的田墘镇树基小学读书。树基小学是一所初级小学，父亲黄树穀是主要捐资人之一。黄旭华从开始接触书本，就展露出了爱读书和善读书的才能，他能自学二哥的绝大部分课程，常常是二哥背不来的课文，他却能帮忙熟练背诵出来。那一段童年时光无比快乐，在二哥的

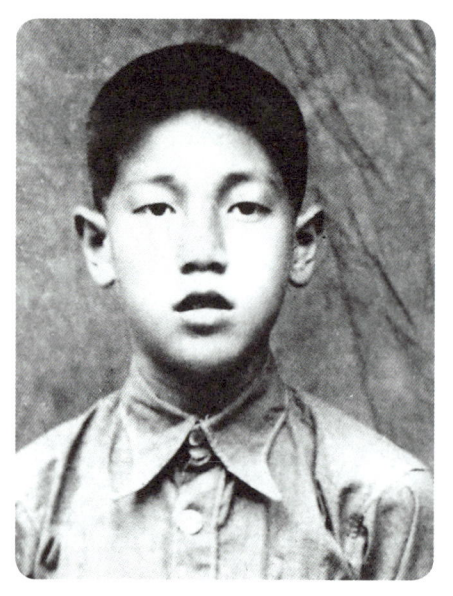

▲ 黄旭华着田墘镇树基小学校服照

呵护下，黄旭华每天学习玩耍，也与二哥建立了更深厚的兄弟感情。之后回忆起，黄旭华多次感叹，在兄弟姐妹中，他与二哥的感情是最为深厚的。

童年总是快乐又短暂。1934年夏天，10岁的黄旭华结束了在树基小学的学业，转入田墘镇小学读初小。1935年夏天，黄旭华自田墘镇小学毕业了，由于当地没有高级小学，他离开家乡去外地求学了。

启蒙恩师

1935年秋天，在二哥的陪护下，黄旭华来到了离家较远的汕尾作矶小学住读。期间，黄旭华遇到了一生的启蒙恩师苏剑鸣老师。苏老师当时很年轻，比黄旭华大不了十岁，一个人教授国语、算学、自然、英语四门课，还兼管体育课，一天到晚和学生们吃住在一起，彼此建立了深厚的感情。

苏老师对黄旭华影响最大的是他教授的国语，当时国语课所使用的教材是著名语言学家、音乐家赵元任先生编写的。为了让学生们学好国语，为以后的求学之路打下坚实的基础，苏老师用赵元任先生灌录的唱片辅以音乐的方法来教汉语拼音，于是课程变得轻松有趣。黄旭华后来总是由衷地感谢苏剑鸣老师，扎实的普通话基础，让他在往后的岁月中，不管是辗转各地求学，还是研制核潜艇时与来自全国各地的工作人员交流，都没有沟通的障碍。他常常自嘲说，自己的普通话水平一直停留在作矶小学苏剑鸣老师教授时的那个水准，始终无法精进。

除了教授学生们课堂知识外，每逢周末苏老师就带他们去教堂做礼拜和郊游，课余活动总是安排得有序又有趣。苏老师的责任心很强，学生们一起打球时，他总是站在旁边观照，提醒着他们别受伤。

在作矶小学期间，黄旭华一直都很喜欢听苏老师的课，积极主动，成绩很好，成为苏老师口中的高才生。

▲ 1993年11月，黄旭华（右）于汕头拜访小学老师苏剑鸣

▲ 1994年10月5日，黄旭华重回母校作矶小学

苏老师不仅为黄旭华打下了良好的文化课基础，音乐课上的小型歌剧排练也开发了黄旭华的文艺细胞。黄旭华记得他们排练了一个小歌剧，名叫《小小画家》，二哥扮演画家，他扮演小猫，表演了很多场，很受欢迎。这一时期的歌剧表演奠定了他的自信心，让他后来在上海交大的艺术社团中大放光彩。

战火求学

"为什么中国这么大，却连个安心读书的地方都没有？"这也许是那个年代许多像黄旭华一样在战火中奔波求学的学子心中深深的疑问。

1937年夏，黄旭华自作矶小学毕业，正值七七事变爆发，全国抗战拉开了序幕。时局突然动荡，对口升学的聿怀中学被迫搬迁，黄旭华只得辍学半年在家。在这半年里，黄旭华跟随大哥一起参加了抗日宣传队，在田墘一带以文艺演出的

▲ 2012年9月29日，聿怀中学校友四院士齐聚一堂庆贺建校135周年（左二起：饶芳权、黄旭华、郑度、周福霖）

形式宣传抗日。黄旭华演出话剧，讲述老百姓逃难的故事，演得很认真，台下的观众看得也很动情，演到抓住汉奸的情节时，大家义愤填膺地一起高喊："杀！杀！"那时的黄旭华被这种高昂的爱国情绪所震撼，暗下决心长大了一定要为国家做一点事情。

1938年春节刚过，黄旭华跟随大哥黄绍忠、二哥黄绍振，长途跋涉到达五经富，开始了在聿怀中学艰苦的读书生活。聿怀中学是汕头乃至整个广东历史上最为悠久的学校之一，创办于1877年，最初是英国基督教会创办的宗教学校，后由华侨士绅捐资维系，资金不竭，师资雄厚，在民国时期就成了汕头一带最有名望的中学。在130多年的校史中，为国家、社会培养了大批人才，享有"一校五院士"的美誉。1937年抗战爆发，时任校长陈泽霖带领师生由汕头内迁至揭西山区五经富，借用一所停办的学校，于1938年春在日寇飞机的轰鸣声中重新开学。

当时聿怀中学的条件异常简陋。一栋原先停办学校的二层小楼是高中部，新搭的几间四面透风的草棚子是初中部，黄旭华和同学们吃、住、上课都在里面。上课时常有日军飞机来轰炸，飞机一来，老师们就立马提起小黑板，带领学生们打游击一样，钻甘蔗地、进山洞、藏树林，躲避到较为安全的地方上课。

虽然那时大家都神经紧绷，食不果腹，但是学习的劲头依然强劲，老师们也勤勤恳恳，除了白天教学，晚上还监督和辅导学生们上晚自习。煤油灯在那时是奢侈品，老师们就用碟子或者墨水瓶装一点豆油或菜油，弄一根棉纱做灯捻子，以此来照明。

1939年春节后，二哥不愿继续读书，执意留在田墘老家协助父亲打理家中的生意。由于战事趋紧，聿怀中学暂时解散，将近一年的动荡使得聿怀中学师资不稳，教学也难以正常维持。

1940年，大哥黄绍忠考入了著名的桂林中学，几个月后，黄旭华追随大哥的

▲ 1944年，黄旭华于桂林中学

脚步去往桂林中学求学。黄旭华原名黄绍强，在离开聿怀中学前，他将自己的原名留给了二哥使用，让二哥接着在聿怀中学读书。黄旭华给自己起了一个新名字"旭华"，寓意中华民族如旭日东升般崛起。

怀揣着这无比坚定的信念，黄旭华开始了艰苦的求学之路。

1941年9月，黄旭华考入桂林中学，在大后方安稳的环境中，开始了系统性学习文化课程的高中三年时光。

良师益友

当时国民政府和桂系军阀李宗仁、白崇禧等人较为重视大后方的教育，因此桂林中学的办学条件算是比较优越的，学校实行半军事化管理，教学稳定、管理严格，是一个求学求知的好地方。整个抗战时期，桂林文化名流云集，文化氛围浓厚，大批优秀的师资力量输入，田汉、欧阳予倩、夏衍、丰子恺、竺可桢甚至李宗仁都曾莅临桂林中学讲演。

国民党政府及桂系军阀当时对桂林中学控制很严，学生中禁止一切反对当局的行为，禁止传播进步思想，如果违反可能直接遭到逮捕。为了加强思想管理，学校竟然还要求学生每天必须写日记，通过日记检查学生的言行。黄旭华的班主任并不认同这种监控学生的行为，通常是睁一只眼闭一只眼。

桂林中学有一位大家都很喜爱的英语老师叫柳无垢，是柳亚子的女儿、宋庆龄的秘书、我国著名翻译家，出任过外交部政策委员会秘书长等政府要职。柳无垢平时经常出入美国驻桂林领事馆，在课堂上总能给学生们带来许多时政要闻。她见闻广博、阅历深厚，教学理念与方法先进，课堂信息量大、内容丰富，为人也热忱善良、和蔼可亲，和学生们关系非常融洽。

还有一位给黄旭华留下深刻印象并让他终身受益的是数学老师许绍衡。许绍衡在桂林中学很有名望，讲课深入浅出、引人入胜，让黄旭华深深爱上了这门课程以至以后在重庆教育部特设的先修班学习期间整理出了一本《大代数讲义》。由于许绍衡的引领，黄旭华的数学成绩和物理成绩都很出色，这为他后来报考交通大学奠定了良好的基础。

除了良师的指引，在桂林中学的三年里，黄旭华还结识了不少益友。

其中最要好的是强自强，他当时家庭条件较好，经常给同学们带罐头装的猪油，猪油拌饭香味扑鼻，回味无穷！后来强自强比黄旭华早一年考取了浙江大学航空系，参加过著名的"两航"起义，中华人民共和国成立后分配至上海飞机制造厂，任副总工程师，1958年研制成功我国第一架水上飞机"飞龙"1号。

第二位好友是汪胡熙，他于1950年8月毕业于浙江大学土木系后，加入中国人民志愿军铁道兵团赴朝参战，历任铁道兵团铁路新建工程总工程师、计划主任、科研所研究室主任等职。

还有两位好友是以体谋和吴道生，也是仅有的、尚有联系的两位桂林中学同学。

1944年6月，桂林的形势突然急转直下，桂林中学来不及安排高三毕业班的会考，便仓促宣布他们毕业。突如其来的变故，让黄旭华及其同学们无法在桂林报考任何大学，他们中大部分人的目标是国立交通大学、西南联大、中央大学、

▲ 1944年，桂林中学高中第三十五班毕业纪念照（第四排左七为黄旭华）

浙江大学等名校，所以他们希望继续赶往重庆，参加这些知名高校的招生考试。

于是，又一场凤凰涅槃般的跋涉开始了。

志向初开

1944年8月底，黄旭华一路颠簸终于到了重庆。然而，命运多舛，此时各大学招考已过。

当时，像黄旭华这样流亡到重庆的学生很多，重庆国民政府成立了流亡学生收容办，国民政府教育部也在重庆附近的白沙镇成立了特设大学先修班，专门招收已高中毕业却错过大学招考的学生，为他们来年报考各高校提供一个学习之地。这个先修班一个最大的好处是不收一分钱，不仅没有学杂费，连吃住都全免。这对于黄旭华来说不啻一个极大的福音，他很顺利地进入了这个先修班学习。客观地说，这个特设大学先修班是国民政府办的一件大好事，为黄旭华等大批沦陷区的有志青年提供了一个极佳的学习庇护场所，后来从这个先修班中走出了许多中华人民共和国的高级研究和建设人才。

一年的时间转瞬即逝。1945年7月，各大学的招生考试又纷纷开始了，大家投考了各自心中的大学后，这个先修班就解散了。黄旭华由于成绩优秀、表现良好，获得了先修班的保送资格，但是这个保送是保密的，被保送人并不知道，保送生也需要得到接收高校的审核确认后才能获得正式的录取通知书。黄旭华不知道被保送的事，因此他报考了国立交通大学造船系。

黄旭华收到的第一个录取通知是中央大学航空系，原来是先修班将他保送至中央大学。到了八月，国立交通大学的录取结果也公布了。交通大学不是发放录取通知书，而是在中央日报登报公布，在录取公告上，黄旭华排造船系录取名单的第一位。

中央大学航空系和国立交通大学

▲ 1945年8月15日的《中央日报》上刊登的国立交通大学录取名单

15

造船系，不仅都是当时的名牌大学，也皆是自己理想中的专业。怎么选择？黄旭华并没有太多的犹豫，国立交通大学的工科在国内无出其右者，素有"东方麻省理工学院"之誉。黄旭华毅然选择了交通大学，开启了他一段精彩的人生。

第二章 大学之学

学医只能救人，我要救国。

——黄旭华

踏实学习

1945年8月15日，日本宣布无条件投降，抗日战争结束。黄旭华兴高采烈、精神振奋。次月，他赴国立交通大学报到。带着新的梦想与期待，开始了大学生活。

造船系当时是交通大学最年轻的系科。1943年，国民政府教育部令交大接管重庆商船专科学校，建成造船系。这一专业现在已经发展成上海交通大学最具实力的专业之一。交通大学造船系引进了大批人才，其中大部分是从欧美留学回来的具有博士学位的学者。造船系的教学在那时就基本与国际接轨，采用类似欧美的先进教学模式，目标是培养具有国际水准的专业人才。

黄旭华入校后不久，交通大学师生开始分批从成都复员上海。迁回上海后，黄旭华开始接触专业课，老师都是用英文原版教材全英文教学。虽然在桂林中学时柳无垢老师给黄旭华打下了良好的英语基础，但是刚刚接触这种教学模式时的黄旭华

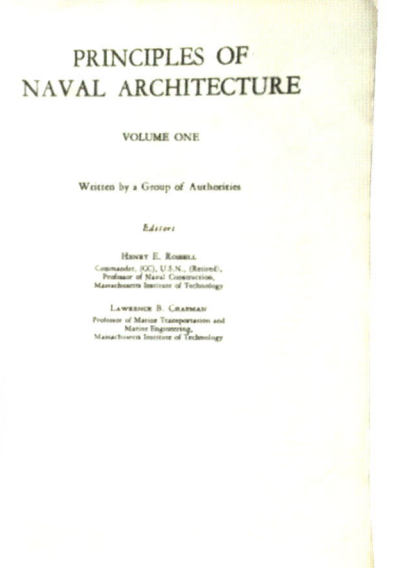

▲ 黄旭华在交通大学时使用的英文教材《造船原理》　　▲ 1947年交通大学学生公费、半公费名册

还是稍显力不从心，但是没过多久，通过一段时间的补习与适应，黄旭华就逐渐跟上了学习节奏。

当时造船系的系主任是我国造船专家叶在馥，他当时是民生公司的总经理兼总工程师，按现在的话说他是交通大学的兼职教师。在黄旭华的记忆中，叶在馥每次上完课就匆匆离开赶回公司上班。叶在馥教授船舶建造方面的课程，上课时他将民生公司建造的各种类型船舶的设计图、建造图都拿到课堂上，生动具体地传授船舶设计建造方面的知识。

叶在馥之后的系主任叫辛一心。辛一心先后讲授过造船原理、船舶结构、流体力学、弹性力学等课程。他教学很注重逻辑性，讲课时非常投入、铿锵有力。辛一心的国文基础也很雄厚，文理兼备、学贯中西，教学认真负责，对学生倾囊相授，深得学生的敬重与爱戴。黄旭华记忆较深的老师还有王公衡，讲授船舶动力及推进方面的课程，他当时是国民政府交通部的技正。

当时造船系唯一还健在的老师，是现在的中国科学院院士杨槱。杨槱留学英国，曾在美国海军造船厂监造过"普林斯顿"号航母，回国后在海军江南造船所、海军青岛造船所做过技术负责人，有着丰富的实践经验。在交通大学任教时很年轻，讲授船舶建造方面的课程。

▲ 交通大学期间的黄旭华（摄于1947年）

黄旭华在交通大学时是半公费。他坦言，自己在大学的学习成绩一般，大多

▲ 2011年4月10日，黄旭华在大四时居住的西斋宿舍前

的精力放在了社团活动和校外兼职家教。但是，黄旭华清楚自己在追寻什么，虽然花在学习上的时间不多，自己坚持两条底线，一是不挂科，二是绝不作弊，直至毕业，他也做到了一门功课都没有挂科。尽管成绩一般，但因为在校期间综合表现比较突出，黄旭华也先后获得过交通大学奖学金、上海市统一奖学金以及上海市轮船业同业公会奖学金。

积极分子

参与和组织各种学生运动、加入地下党、智斗敌特是黄旭华在交通大学最精彩的乐章，而这曲乐章是从他加入"山茶社"开始奏响的。

"山茶社"是交通大学学生运动史上的一座丰碑，也是交通大学中国共产党地下党组织领导学生反对国民党统治、追求真理和正义的战斗堡垒，她如同火红的山茶花一样始终映照和激励着莘莘学子为建设强大的国家而筚路蓝缕、自强不息。在今天的上海交通大学，原"山茶社"的旧址处种有一颗山茶树，立了一个"山茶社"的纪念碑，以怀念、纪念"山茶社"如火如荼的光荣岁月，同时见证交通大学地下党的革命历史。

最早动员黄旭华加入"山茶社"、参加各类学生运动并最终走上革命道路的，是航海系的于锡堃。交大复员上海后，于锡堃联合一些志同道合者发起成立了"山茶社"，于锡堃被推举为社长。之所以取名"山茶社"，是因为山茶花傲霜斗雪、不畏严寒的品质，以比喻革命青年不愿做温室里的花朵，而要做扎根于人民之中的火红吐艳的山茶花。"山茶社"正式成立后不久，于锡堃就动员黄旭华也加入进来。

"山茶社"不仅在校内组织学习歌舞、演出进步话剧等各种活动，还积极走出校门，在校外组织具有进步意义的演出，辅导和指导一些中学生的文艺活动，产生了良好的社会影响。

由于具有较好的音乐基础，以及曾多次参加抗日宣传演出所积累的丰富表演经验，加入"山茶社"后，黄旭华的文艺才华及组织领导能力迅速表现出来。他多才多艺，可以引吭高歌，可以演奏口琴、扬琴、小提琴，同时还是合唱团及乐队指挥。

▲ "山茶社"碑铭

"山茶社"对于活跃交通大学的气氛及丰富学生的文化生活起到了很好的推动作用，得到了学校管理层一定的认同和支持，"山茶社"也因此有了一间办公室兼活动室。此外，为了扩大影响、宣传进步思想，"山茶社"还不定期印刷社刊《山茶情》在学生中散发。通过这些活动，"山茶社"的影响与日俱增，逐渐成为交通大学学生运动的核心组织。经过近两年的历练，到了1948年，黄旭华已经从一名"山茶社"的普通社员成长为举足轻重的积极分子。

1948年初，由于"山茶社"的影响越来越大，并且进步思想越来越明显，在于锡堃被捕后，国民党特务对于"山茶社"的监视日益增强，在这种情况下，"山茶社"的活动开始受到限制。为了继续坚持进步斗争，同时也为了保护自己，在地下党的影响下，1948年4月，以"山茶社"社员为主体的另一个学生社团"大江

▲ 1949年6月,"山茶社"学生在操场上摆成"山茶"字样的造型

歌咏团"成立了。

"大江歌咏团"当时是以"山茶社"的合唱团为班底成立的,或者说是将"山茶社"里的合唱团分出来成立的一个新的学生社团。由于当时"山茶社"的主要成员大都是合唱团的成员,因此"大江歌咏团"和"山茶社"相当于是一套人马两块牌子,许多"山茶社"的重要积极分子依然活跃在"大江歌咏团"中。

由于黄旭华既是"山茶社"合唱团的指挥与领唱,又是"山茶社"的积极分子,同时还是党组织的重点考察对象,因此"大江歌咏团"成立后,黄旭华就成为"大江歌咏团"的主要负责人,带领大家继续组织各种文艺活动,同时坚持进步宣传。

"大江歌咏团"本质上是经"山茶社"金蝉脱壳而成立的,国民党特务的目光当时紧紧盯着"山茶社",因此在1948年的下半年,"山茶社"客观上起到了掩护"大江歌咏团"活动的作用。然而到了1948年底,国民党特务很快嗅出了端倪,依然以"山茶社"为掩护可能不仅会暴露"山茶社"的地下党员,还可能会危及"大江歌咏团"的存在。

在此时刻,鉴于全国解放的形势和当时交通大学地下斗争的需要,地下党组织毅然决定撤销"山茶社",同时成立一个新的学生组织"晨社",寓意上海和交通大学即将迎来解放。"晨社"的社员也基本上是"山茶社"和"大江歌咏团"的成员,黄旭华此时已经秘密加入了地下党组织,因此也被委以重任,出任"晨社"的社长。

1949年初,黄旭华带领"晨社"的同学们坚持与国民党特务进行斗争,同时保护交通大学、筹备迎接上海解放的部分工作。

▲ 黄旭华"大江歌咏团社团"申请登记表

▲ "山茶社"社友于交通大学老图书馆前合影

护校运动

"护校运动"是交通大学校史上的一件重要事件。20世纪40年代末的交大校友，许多都亲身参与或见证了这场决定交通大学生存与未来的学生运动，黄旭华就是其中之一。

1946年冬，国民党政府迫于内战的财政压力，决定压缩交通大学的教育经费，停办航运和轮机两系，并改名为"国立南洋工学院"。一时间，大家不但是吃不饱穿不暖，而且连引以为豪的校名都保不住了。时任校长吴保丰和学生代表周盼吾等人赴南京请愿，却遭到教育部长朱家骅的训斥。当局的蛮横态度使得交大师生员工更是激愤异常，决议全体去南京请愿。

1947年5月13日清晨5时左右，黄旭华和3000多名交通大学学生一起，先是乘汽车到达上海火车站，经过火车站进步工人的帮助，找到了被市政当局隐藏起来的火车，和前来声援的复旦大学、同济大学等高校的学生一起，声势浩大、轰轰烈烈地向国民政府所在地南京市进发。

国民党当局为了阻止学生前进，拆除了铁路的铁轨。这显然难不倒交通大学的学生，土木系的学生把后面的铁轨拆下来装到前面的路基上，就这样拆一段、装一段地向前开进。在这场运动中，黄旭华作为一名积极的鼓动者，一路上，他发挥文艺特长，带领大家一起高唱《团结就是力量》等歌曲，大家备受鼓舞，绝不退缩。

最终，国民党当局迫于各种压力，由教育部长朱家骅出面，代表国民政府同学生谈判。谈判现场隔着一个山坡，国民党政府谈判小组抬着扩音器准备与学生对话谈判。然而，学生纠察队此时发现谈判现场附近埋伏了许多军队，学生代表不干，提出要谈判必须先撤走军队，朱家骅被迫让步，同意学生的要求，"护校运动"最终取得了胜利。

这次的胜利，让黄旭华深刻认识到，要取得斗争的胜利，一是要勇敢，不能软弱；二是不能孤孤单单地搞，要齐心协力、要发动群众、要团结、要争取支援。这些在实践中取得的认识和心得，也是他后来参与核潜艇研制中克服困难、取得成功的思想源泉。

民主堡垒

但凡1948年5月尚在上海各高校读书的大学生，鲜有不知道5月3日和4日两天在交通大学举办的"五四营火晚会"的。

▲ "五四营火晚会"上搭建的"民主堡垒"

1948年5月3日，上海高校学生联合在交通大学体育馆举行纪念五四运动文艺晚会，演出了《觉醒》《农作舞》《典型犹存》等节目，以反帝反封建为主要内容，矛头直接指向美帝国主义和蒋介石的国民党政府。演出效果非常好，极大地推高了晚会的气氛。

5月4日，上海各大中学校继续在交通大学举行营火晚会，主题是反对美国扶植日本军国主义势力。当日，交大校园布置一新，从校门口到民主广场，用大量学生运动历史资料的大型图片，布置了一条"从五四（1919）到五四（1948）的中国青年的道路"。这条路上用彩灯做成的大路标，依次标着"五四""五卅""九一八""一二九""七七""一二一""抗暴""五二〇""1948年五四"等字样，最后一个箭头是"走向黎明"，指向营火晚会大门。最引人注目的是大草坪中央高高矗立的"民主堡垒"。堡垒是交大学生用竹篱笆扎制、外面用彩纸蒙贴而成，呈炮楼式样，正面悬挂着"民主堡垒"四个大字，顶部飘扬着一面鲜艳的红旗。此外，民主广场的主跑道旁布置了一张50平方米左右的巨幅图画，表现的是旧中国在灭亡，新中国在前进的主题，画上题字"为独立自由、民主富强的新中国奋斗"。在广场北侧的中院，还布置了一个反对美国扶植日本侵略势力复活为主题的展览会。

"五四营火晚会"在当时取得了巨大的影响，也是上海解放前夕最成功的一次学生运动，在我国学运史上具有一定的地位与意义。然而，"五四营火晚会"也引起了国民党当局的高度重视，此后针对交通大学学生运动积极分子的秘密监视就逐渐增多，许多学生中的共产党员和学生积极分子遭到逮捕。

智斗敌特

到1948年底，上海的形势已经比较明朗了，解放只是一个时间问题，但国民党依然在困兽犹斗。在上海及交通大学，国民党特务对地下党及进步学生的抓捕也疯狂地展开了，黄旭华等地下党员及其他进步同学面临着一场腥风血雨。

1948年底的一天，深夜12点左右，厉良辅已经进入梦乡，黄旭华还没有睡觉，突然响起几声敲门声，黄旭华机警地问道："谁？什么事？"敲门人回答说让厉良辅去学生会开会。厉良辅起来穿好衣服，准备出去，黄旭华立刻拦住了他，对他说："你是学生会的主席，怎么开会你都不知道？"厉良辅这才意识到不对。他们的宿舍当时在一楼，窗外有一个烧开水卖钱的老虎灶。黄旭华起来朝窗外一看，发现老虎灶的树底下蹲着几个人。他们明白了，最近国民党特务经常混进学校抓人，厉良辅是学生会主席，又是"山茶社"社员，带领同学们开展许多进步学生运动，早就进了国民党特务的黑名单，窗外的人就是特务。

情况万分危急，他们明白，门是顶不住的，必须想其他办法。黄旭华急中生智，大声呼叫："同学们，特务来抓人了！"整幢宿舍顷刻间轰动了，同学们纷纷朝着他们宿舍涌来。国民党特务此时还不敢在交通大学明火执仗抓人，他们见势不妙，只好仓皇而逃。

厉良辅虽然在黄旭华及同学们的帮助下逃过了一劫，但也无法再待下去了。随即，地下党就安排他离开交通大学，把他送到皖西解放区去。上海解放前夕，黄旭华也经历过两次国民党特务的抓捕，前一次有惊无险，后一次惊心动魄，但凭借自己的机智和同学的帮助，最终化险为夷。

1949年4月20日，交通大学有同学得到准确的消息，说国民党特务这两天要来学校进行大逮捕，黄旭华作为"大江歌咏团"及"晨社"的负责人也上了黑名单。党组织派魏瑚通知黄旭华赶紧撤退，魏瑚还给了他一个银圆作为路费。

黄旭华等地下党员离开学校后，在校外住了两天，发现没有任何动静，一打听才知道那两天国民党特务并没有去交通大学抓人，他们于是又回到了学校。事后得知，国民党特务计划抓人的消息是准确的，可是这些特务在出发前罢工了，要求当局给钱再去抓人。估计是因为时局紧张，这些特务没拿到工资补贴之类，以此要挟当局。由于这个变故，这场策划的大逮捕就流产了。

4月25日，上海解放在即，黄旭华与过去的一些"山茶社"社员在做一些迎接解放的准备工作，一直进行到凌晨。凌晨一两点左右，黄旭华回到宿舍休息，刚上床，突然传来一阵机关枪"哒哒哒"的扫射声，由远及近往学校而来。黄旭华等同学异常兴奋，以为是解放军入城，赶紧起来穿衣服准备迎接解放军。黄旭华穿好衣服，刚迈出宿舍门，就发现一群国民党宪兵冲进来，大声叫道："不许动！"黄旭华顿时明白是国民党进来抓人，他闪身折进了洗脸间。洗脸间有一个很长的洗脸用的水槽，他就躺在这个水槽的底下躲起来。在洗脸间里，他听见宪兵在宿舍里一间一间地清点抓人。

没多久，有个学生来洗脸间洗脸，发现了躲在水槽底下的黄旭华，这个同学知道宪兵正在抓他，告诉黄旭华老躲在水槽底下不是办法，迟早还是会被发现的。这会儿二楼和三楼之间的宪兵正在换岗，中间有一个时间差，而且三楼已经查过了，已然无人把守，建议黄旭华赶紧躲到三楼去。听完这个同学的话，黄旭华迅速冲上了三楼，来不及多想，随便推开一间宿舍就躲进去了，里面没人，估计也是跑掉了。西斋这幢宿舍主体是两层，三层是阁楼，黄旭华当时也来不及看清是哪一间宿舍，更不知道是谁住的。刚进去就听见楼下国民党宪兵大叫："他妈的，三个房间里的都给跑掉了！"

黄旭华惊险地躲过了一劫。然而，黄旭华隔壁的地下党员穆汉祥却在这次大逮捕中惨遭厄运。穆汉祥在头一天晚上本来和黄旭华一样逃脱了抓捕，可由于手头还有重要工作尚未交代，第二天他又回到交通大学，结果被国民党特务抓获了，与他一同被捕的还有史霄雯。二人被捕后被国民党秘密关进警察总局死牢，遭受了各种酷刑和逼供。地下党组织想尽各种办法营救无果，时任交通大学校长的王之卓亲自打电话给市警察局长、特务头子毛森，但他矢口否认有这两个人。二人始终宁死不屈，最后于1949年5月20日被押到闸北宋公园（今闸北公园）秘密杀害。

成为党员

在交通大学校园里，有黄旭华在1949年加入中国共产党的故事，他的党龄与共和国同龄。

从作矶小学到聿怀中学，黄旭华就积极参加过一些抗日救亡活动，搞过义演和募捐，从小就具有参与政治活动的热情。辗转求学，既亲身感受了日寇侵略所造成的痛苦，也目睹了国民政府的腐败，这些就曾让他思考过国家的出路。大哥黄绍忠的进步言行、桂林中学开明教师的慷慨陈词，已经让黄旭华隐约感觉到当时在中国有一股新的思想、新的力量在谋求着国家的富强与独立。

在交通大学，经于锡堃的引导，黄旭华加入了"山茶社"。在"山茶社"，黄旭华的主要收获并不在于丰富多彩的文艺活动，而是从排练及演出的许多进步剧目中悟出的革命道理，对国家的前途形成了一些朦胧的认识。他认为，"一个国家，如果没有一个为人民、为国家办事情的廉洁的政府，是不行的。"

黄旭华的思想转变及其在"山茶社""护校运动""大江歌咏团""五四营火晚会"等运动中的工作引起了地下党的注意和重视，他们在长时间关注和考察之后，终于向黄旭华伸出了橄榄枝。

一天，"山茶社"社员、交通大学铁道运输系的陈汝庆找到黄旭华，在谈完"山茶社"的工作之后，把话题引入关于时政、关于国家前途的问题上来，进而谈到中国共产党的政治主张，说得黄旭华热血澎湃、羡慕不已。陈汝庆审时度势，顺势问黄旭华是否愿意加入中国共产党，黄旭华急切地问"不知道怎么加入啊"。陈汝庆告诉他，写个入党申请书，把自己对国民党的认识、对共产党的认识等思想状况做个汇报，然后说明自己愿意加入中国共产党。

1948年冬天，黄旭华正式递交了入党申请书。

1949年4月，黄旭华终于如愿成为一名光荣的共产党员。黄旭华一直记得当初立下的铮铮誓言："党需要我冲锋陷阵时，我就一次流光自己的血；党需要我一滴一滴地流血时，我就一滴一滴地流！"

仓促毕业

1949年4月底，国民党军警在交通大学进行大逮捕后，国民党军队随即进驻了交通大学，将在校学生全部赶出了校园，整个学校变成了一座军营，他们的实验室竟然变成了马厩。在这种情况下，黄旭华他们这届学生基本无法完成毕业前的正常学业，大家都在外面寻找地方住下来，等待学校宣布毕业。

▲ 1949年6月21日，交通大学造船工程系毕业生留影（后排左三为黄旭华）

1949年5月28日，上海解放。黄旭华等交通大学的学生都回到了校园，他们组织起来整理被国民党军队破坏的校舍。由于政权已经更迭，交通大学校方亦不知向何处去，于是在6月初草草宣布黄旭华这届学生毕业。

按照国民政府的规定，高校颁发的学历必须经过教育部验印，南京先于上海解放，国民政府教育部也在逃亡的过程中，故此交通大学校方没有办法给黄旭华他们颁发正式的毕业证书。为了对学生负责，学校给他们颁发了由学校和校长王之卓署印的《国立交通大学毕业证明书》。黄旭华这届学生最终正式的毕业证书则是由解放后的交通大学于1951年9月补发的。

1949年7月，黄旭华和同学们打包行李，奔赴天南海北，开始追逐各自的人生理想。

▲ 1999年4月7日，黄旭华与上海交通大学同班同学合影

第三章 十年伏笔

我们的工作是在一穷二白的基础上起步的。

——黄旭华

党校学习

1949年6月,黄旭华与同学们一道从交通大学毕业了。此时,每一个同学都思考着自己未来的路。黄旭华的态度则比较明确:当时南方还有很多地方没有解放,老家广东依然在国民党统治之下,他想参军亲自去解放自己的家乡。

当时报名参军的同学极多,黄旭华正在长长的队伍中排队,突然有人拍了一下他的肩膀,对他说道:"黄旭华,不要报名了!"他回头一看,是地下党与他联络的最后一位领导,当时已是交通大学的总支书记庄绪良。庄绪良告诉他,组织上决定让他进上海市委第一期党校学习。

能够进党校学习,黄旭华虽然很高兴,但是心里还是有点矛盾,毕竟他还是很渴望能够参军去亲自解放自己的家乡。然而,自从加入共产党后,虽然也参加过一些学习,可是黄旭华自认为许多革命道理还没弄明白,党的理论更是很欠缺,心底希望能够有机会系统学习共产党的革命理论、历史和章程。因此,黄旭华接受了组织的安排,打起行装就去党校报到了。

黄旭华在党校的学习收获颇丰,至今记忆深刻。在这里,他不仅系统地学习了党的历史、共产主义理论、党的章程与纪律,使自己的革命信念更加坚定,而且见到了陈毅、饶漱石、谭震林等多位党的高级领导人,聆听了他们的讲话。陈毅时任上海市市长,他的报告从来不用讲稿,总是即兴发挥,每次都激情四射、精彩迭出、充满哲理。谭震林的报告内容也很丰富,总能深刻阐释革命道理。黄旭华至今回味无穷。

三易工作

党校毕业后,黄旭华首先被分配至华东军管会船舶建造处,该机构后改名为华东军政委员会船舶建造处,是一个在特殊背景下成立的特殊机构。1949年,全国大陆部分已经基本解放,国民党政府和军队逃到了台湾,中共中央和中央军委已经在筹备解放台湾的工作。解放台湾需要大量的船只,船舶建造处就是在这个特殊背景下成立的,其目的就是筹集、修造和改造用于解放台湾的各类船只。当时的建造处处长就是黄旭华在交通大学的业师辛一心。

▲ 1952年,黄旭华于上海港务局工作期间留影

由于黄旭华有专业基础,因此就去

各船厂做技术指导。当时主要对征集来的客轮和货轮进行改装，以方便加装武器等军事装备。黄旭华等人的工作一方面是做技术指导，另一方面也是监督船厂的业务，防止偷工减料，保证船舶改造的质量。

1950年9月，抗美援朝战争爆发，船舶改装工作也已经大体完成，船舶建造处的使命结束了，黄旭华就被调到了当时已完成国有化进程的招商轮船局工作。

黄旭华调到招商轮船局时有幸被局长于眉相中，担任了局长秘书。黄旭华做秘书期间，经常帮于眉局长整理各种资料。于眉对资料的要求很高，强调必须系统、准确、细致，他的记忆力很好，每次去北京交通部开会，总能在会上说出一大堆准确的数据，时任交通部部长的章伯钧总是惊讶于眉脑子里为何总能装下那么多的数字。

黄旭华从事秘书工作的时间不算长，大约1951年秋季，上海港务局为了加强共青团的工作，成立团委，需要一个能力较强、具有活力的年轻领导打开工作局面。港务局的领导经过多方考察，相中了具有地下党工作经历、热情活泼而多才多艺的黄旭华，于是经过一番努力，把他从于眉局长身边"夺"了过来。就这样，黄旭华又调到港务局出任团委书记。

凭借在交通大学组织学生社团所积累的工作经验和党校学习的理论知识，黄旭华的团委书记工作做得有声有色，使港务局共青团的工作很快就有了较大的起色，打开了青年工作的局面。然而，对这份工作黄旭华却并不称心，毕竟他是学专业技术的，从内心来讲，行政工作对他并没有足够的吸引力。

1953年1月，原重工业部船舶工业局变更管理体制，划归第一机械工业部并更名为船舶工业管理局，地点仍然在上海。在新的船舶工业管理局组建的过程中，黄旭华在交通大学的很多同学及其他专业的校友都进入了这个单位，就连辛一心老师都在此出任设计处处长。黄旭华得知这个消息后动心了，他想进入这个单位干他喜欢的专业工作。港务局起初并不愿意放他走,最终经过一番周折,黄旭华终于调到了自己心仪的单位。

自1949年秋天到1953年春天,黄旭华三年换了三个工作单位,干过三项完全不一样的工作,且都把工作做得很出色。不过,三个单位还算关系密切,基本是围绕专业系统在打转,对黄旭华工作能力的提高和视野的开阔起到了很好的作用。

结缘潜艇

1953年春天,黄旭华调入第一机械工业部船舶工业管理局后,被安排在船舶试验筹备处(现中船重工702所前身)工作。

1953年10月,国家从政府各部门抽调一部分相关人员,组成一个赴当时的民主德国(亦称东德)考察的商务代表团,黄旭华由于工作表现突出有幸被选中。

▲ 1954年,黄旭华在德国波茨坦会议遗址留影

赴德考察前，船舶工业管理局给黄旭华布置了一项特别的任务：考察和了解东德的造船技术及发展状况。黄旭华在考察过程中收集到了一些这方面的资料，并特意去了解了他们船舶试验水池的建设状况，结果收获不大，因为他们过去的水池在"二战"中全部被损坏了，新的水池也在建造之中。

1954年4月，黄旭华完成了考察任务回到了国内。这时，中国和苏联达成了一系列关于海军舰船转让仿制的协议，其中许多任务由一机部船舶工业管理局承担。黄旭华回到船舶工业管理局后，没有回到原来的负责民用和商用船舶研制的设计处，而被重新分配到专门承担苏联军用舰船转让仿制的设计二处。

当时设计二处有四个专业科，第一科负责护卫舰，第二科负责快艇，第三科负责潜艇，第四科负责扫雷艇和猎潜艇。黄旭华被分配到第四科，和毕业于同济大学的白巨源一起负责该科的转让仿制工作。设计二处所承担的工作是军工项目，对外高度保密，从此时起，黄旭华开始涉足军事工程，依据保密纪律，从此不再对外谈起他工作上的事。

当时设计二处的主要工作是转让仿制。所谓转让仿制，就是苏联提供技术、资料、设备、材料和专家，在中国仿制出与苏联一模一样的各型舰船来。当时我国的军工舰船技术几乎是空白的，黄旭华等中方的技术人员刚开始接触时觉得很新鲜，等到真正扎进去才感觉到这些技术的难度是很大的，并不容易掌握。

黄旭华对这些新技术很感兴趣，他刻苦钻研学习，努力消化苏联提供的资料，向苏联专家请教，尽可能把苏联的技术弄清吃透。当时苏联专家非常友好、尽职尽责，对中国的技术人员倾囊相授。黄旭华在学习的过程中，意识到自己专业基础的不足，他把自己在交通大学上课的教材、笔记都悉数整理出来，重新开始系统学习。就这样，一段时间后，黄旭华在业务上逐渐崭露头角，成为设计二处的业务骨干。

20世纪50年代的冷战时期，我国的国防态势与国家安全也很严峻，当时的转让制造高度保密。因为严格的保密要求，黄旭华自此与家中的联系越来越少，父母和兄弟姐妹都不知道他在做什么工作。1957年元旦，黄旭华利用去广东出差的机会，终于回到阔别十年之久的海丰县田墘镇老家，他看望了父母，却只字未透露自己的工作。对于家人的问话，他都是小心谨慎地回答。

美满婚姻

1951年秋，上海市许多政府机关和企事业单位人手不足，于是抽调一批素质较高的高中毕业生进入这些机构。李世英刚刚高中毕业，被分配到港务局工作，在团委任青年干事，此时黄旭华是团委书记，二人就此相识了。

当然，此时二人还纯粹是工作上的关系。黄旭华被委以重任，他一心扑在工作上，没有考虑个人问题。李世英才高中毕业，刚刚参加工作。故此，二人虽然朝夕相处，但没有想过感情方面的问题。当然，黄旭华名牌大学毕业，英俊潇洒、年轻有为，李世英年轻漂亮、活泼能干，更兼大家闺秀，两人对彼此都留下了良好的印象。黄旭华在港务局工作仅一年左右，就调到船舶工业管理局，但彼此留下的良好印象作为爱情的种子却被埋下了。

黄旭华离开港务局后不久，李世英被派到大连海运学院学习俄语。当时中苏友好，我国军民船舶制造大量引进苏联的技术，同时大批苏联专家也来到中国帮助我国的转让制造，因而俄语翻译奇缺。有鉴于此，当时我国各行业都抽调大批的年轻人进入院校学习俄语。1954年夏季，李世英学习结束，作为俄语翻译分配至船舶工业管理局设计二处。

就这样，两人在设计二处再次邂逅，非常惊喜。如此的巧遇，让两个年轻人的心里不禁漾起丝丝涟漪，过去在港务局一起工作时留下的美好印象成为爱情的种子，在后来的工作中慢慢地萌发了。

平时，李世英给苏联专家当翻译，黄旭华跟着苏联专家学习技术，李世英成了苏联专家与黄旭华等专业技术人员沟通的纽带和桥梁。因此，只要是上班，他们就基本在一起。相互的好感让他们的心渐渐走近，终于有一天，黄旭华向李世英表达了爱意，李世英早已芳心暗许，二人没多少周折就

▲ 1956年4月29日，黄旭华与李世英结婚照

发展成为恋人关系。此后，一对爱侣工作比翼齐飞，闲暇互赛才艺，爱情之果臻于成熟。

1956年4月29日下午，黄旭华和李世英办理了结婚手续。当天晚上，两人在单位安排的房子里，买了一些喜糖、水果，再邀请设计二处的年轻人在房间开了个舞会。大家载歌载舞，纷纷向两位新人致以祝福，两人就算正式成家了。第二天，两人像往常一样，高高兴兴上班去了，没有休一天婚假。

从1949年到1958年，黄旭华在政治思想上已经成熟，在专业上十年磨一剑，锤炼成为造船技术骨干，同时收获了理想的伴侣，婚姻和谐幸福，这一切似乎预示着他可以迎接更加重要的任务了。

第四章 力克重艰

> 毛主席说:"核潜艇一万年也要搞出来!"就是这句话坚定了我献身核潜艇事业的人生走向。
>
> ——黄旭华

"09"工程

第二次世界大战之后,冷战阴云笼罩着整个世界。美苏两个超级大国在核领域的竞争你超我越,英、法等国的核武器技术也突飞猛进。面对严峻形势,国家制定了《1956—1967年科学技术发展远景规划纲要(草案)》,其中提出了发展核潜艇的意见。1957年,苏联核潜艇下水促使我们发展核潜艇的战略和计划付诸实施。

1958年,提升我国国防实力、完善我国三位一体核战略体系并具备二次核反击能力的核潜艇研制工程启动了。黄旭华等许多专业技术人员,肩负着祖国与人民的重托,为铸造国之重器,从祖国的四面八方走到了一起。

1958年6月27日,时任国务院副总理、中央原子能事业三人领导小组成员的聂荣臻元帅向中共中央秘密呈报了《关于开展研制导弹原子潜艇的报告》。随后两天,周恩来总理、邓小平总书记分别对这份绝密文件进行了批示，最后经毛泽东主席圈阅批准。自此，我国的核潜艇研制工程拉开了序幕。

以罗舜初为组长，张连奎为副组长，刘杰、王诤为成员的"核潜艇工程领导小组"（中央四人组）随即正式成立，开始筹划和组织核潜艇的研究设计工作，核潜艇工程正式拉开大幕。1958年7月，中共中央批准研制核潜艇之后，海军、一机部和二机部立刻在中央四人小组的协调下，统一调配力量，先后分别筹建了核潜艇总体设计组和核潜艇动力设计组。1958年8月，我国第一个核潜艇总体建造厂也批准正式上马，核潜艇工程的各项工作紧锣密鼓地展开了。

为了核潜艇研制的组织、领导和保密，核潜艇研制工程启用代号"09"。今天，这个被中国核潜艇工程使用了半个世纪之久的绝密代号，已成为国人皆知的、充满骄傲的公开秘密。

我国核潜艇研制工程正式启动后，首先还是希望得到苏联的帮助和支持。然而，我们的几个访苏代表团所提出的考察他们核潜艇工程的要求，及经由正式渠道向苏联领导人要求得到核潜艇研制技术的提议，都遭到苏联的漠视或回绝。此后，在长波电台及联合舰队的建设方面苏联又无视我国的主权和安全诉求，于是，毛泽东主席被苏联的傲慢和无理所激怒，字字铿锵地说："核潜艇，一万年也要搞出来！"这句气势如虹的口号，不仅更加坚定了我们自己独立自主研制核潜艇的信心，也宣示了中国人民不畏霸权、自强不息的意志和精神，同时也激励着广大工程技术人员不舍昼夜、筚路蓝缕、奋发图强。

任重道远

1958年8月初的一天，船舶工业管理局领导突然通知黄旭华去北京出差，既

▲ 1958年，初到总体组的黄旭华

没说什么任务，也没说去多少天。设计二处本就承担机密的转让仿制任务，黄旭华早已养成了保密的习惯，上级不说他就不问。黄旭华二话没说，跟妻子李世英打了个招呼，没拿什么行李就直奔北京去了。

到了北京才知道，上级决定抽调他到核潜艇总体设计组参加核潜艇研制，以后就留在北京工作。就这样，黄旭华甚至不能对家人说明自己的调动原因和工作性质，就稀里糊涂地调到了北京。不久，李世英才托人把行李捎给他。

原来，中共中央批准核潜艇研制工程后，工作迅速启动了。1958年7月18日，海军舰船修造部和一机部船舶工业管理局联合组建了核潜艇总体设计组，办公地点最初定在北京市公主坟海军大院里最偏僻的西南角。总体组最初主要由海军舰船修造部驻造船厂军事代表室和来自一机部船舶工业管理局系统的专业技术人员组成，依据专业划分为船体组、动力组、电气组三个小组。黄旭华被分在船体组，组长张景诚，副组长李建球。张景诚和黄旭华均来自船舶工业管理局系统，张景诚是上海造船界的前辈，我国第一艘万吨级远洋货轮"东风"号的设计者。张景诚技术精湛、为人谦逊，对黄旭华比较赏识，在工作上也多有关照。李建球来自海军舰船修造部，刚刚留苏回国。1959年，船体组改为船体科，黄旭华和武杰被增补为副科长。

黄旭华是8月初到总体组报到的，比别的同志晚了几天。报到后支部书记曹磊同他谈话，说了三点：一是你被选中，说明党和国家信任你；二是这项工作保密性强，这个工作领域进去了就出不来，犯了错误也出不来，出来了就泄露了；三是一辈子出不了名，当无名英雄。

核潜艇工程是"天字第一号"绝密工程，有严格的保密纪律，黄旭华他们不能对任何人透漏自己的工作单位、工作内容、工作性质，甚至海军大院里的所有其他单位都不清楚他们是做什么的，只知道有一支着装随意的"杂牌军"神神秘秘。1958年进入总体组之后，黄旭华就极少与远在广东的亲人们联系，有时家人问及他的工作，他只字不提。

总体组成立后立刻展开工作，同事们来自四面八方，热情高涨。虽然大家都不知道真正的核潜艇到底是怎样的，但这反而使他们没有思想束缚，能够充分发挥想象空间。张景诚负责核潜艇的总体设计，他带领大家从理论出发，学习和消化苏联常规潜艇的转让制造技术，对常规潜艇的设计原则及各种计算数字资料进行验证，同时尽一切可能查找和收集国外资料，系统开展核潜艇的探索性研究。根据当时的中央文件要求，我国的核潜艇要于1961年国庆节下水，所以总体设计进度要很快，大家边学习、边研究、边验证，加班加点，居然仅用了三个月的时间就提出了5个核潜艇总体设想方案，其中3个普通线型、2个水滴线型。

如今，黄旭华在评价这5个最初的方案时，认为其虽然"非常粗糙"，但"价值很大"：首先，这些方案是中国人的第一个核潜艇设想方案，具有开创性意义，包含了许多创新思维；其次，基于这5个方案优化后的水滴线型方案对于当年10月中国政府专家代表团访苏谈判及核潜艇技术咨询起到了很好的针对性作用；最后，这5个方案为后来核潜艇二次上马时的技术争鸣起到了很好的基础与铺垫作用，并初步肯定了水滴线型。

▲ 薛宗华（左三）及黄旭华（右一）等造船技术研究室的部分研究人员合影

当时，黄旭华等对核潜艇制造技术完全是陌生的，核潜艇的规模吨位、下潜极限深度、水下自持力、航速等重要技术参数都不了解，他们非常渴望得到相关的技术资料或者专家援助。因此，当得知我国将访问苏联寻求核潜艇研制援助后，他们非常高兴，马上优化出一个水滴型方案供苏联专家审查，并以这个方案为基础提出了数十个问题，希望得到苏联专家的解答。

1958年11月11日，我国访苏代表团副团长兼秘书长、海军副司令员方强专门将我方准备好的"核潜艇初步设计资料"提供给苏联代表团副团长、苏联部长会议对外经济联络委员会总工程局副局长尤林将军，希望苏方给予解答并与他们一起探讨。然而，尽管我国政府代表团几经努力、反复交涉并在苏联滞留等候至1959年1月底，仍然没有得到苏联方面的任何正面答复。代表团回国后，赴苏代表赵仁恺、尤子平及留守国内的张景诚、黄旭华等心里明白了，要发展核潜艇，还得自力更生。

不过，1959年4月上旬，苏联驻华使馆转来了苏方的《对于导弹原子潜水艇研究设计初步方案所提各项问题的回答》，对中方代表团及技术人员提出的问题以书面形式给予了详细的回答，主要涉及核潜艇初步设计方案、核潜艇动力设计原则及导弹武器三大方面。苏联专家对于他们所做的核潜艇初步设计方案既有肯定的地方，也提出了许多改进的意见，还指出了部分错误。苏联专家的答复在很大程度上也增强了我国研究者们的信心，至少他们认为核潜艇不是啃不动的"硬骨头"。

从1958年底到1959年初，我国对核潜艇的设计与制造基本没有比较成型的、可信的方案。从总体设计来说，不要说核潜艇，我们连常规潜艇都没设计过，需要攻关的技术和材料不仅不明确，而且短时间根本无法取得突破，核潜艇制造基地也没有着落。从动力组来说，我国的核反应堆刚刚到达临界，核技术本身还没有取得决定性突破，船用核反应堆就更无从谈起。总体组薛宗华部长向中央建议，将核潜艇下水的时间至少推延到1963年以后。中央核潜艇工程领导小组最终依据实际情况科学地调整了进度，决定把核潜艇下水时间推迟至1965年之后。

此后，事情发展的态势不仅证明当时的决策是正确的，而且1965年下水的计划也化为泡影，核潜艇的研制越来越举步维艰。

艰难开拓

核潜艇研制工程虽然于1958年7月被批准，但并未正式立项；同时正值国内"大跃进"运动，"高指标""瞎指挥""浮夸风"和"共产风"在各行业严重泛滥，对于核潜艇的研制也带来了很大的负面影响。1959年，"大跃进"造成的劫难和自然灾害叠加，导致我国面临严重的经济困难，黄旭华等参研人员啃着咸菜设计、饿着肚子加班，大家普遍出现营养不良。此外，由于物资的匮乏，设备配套、新材料研制都遭遇瓶颈，很难配合核潜艇的研制工作。

即便是如此的艰难，大家依旧踌躇满志、信心满怀。赵仁恺、彭士禄、黄旭华、尤子平等专业技术人员满怀责任感和使命感，同困难抗争，让我国核潜艇研制艰难地开始了破冰之旅。

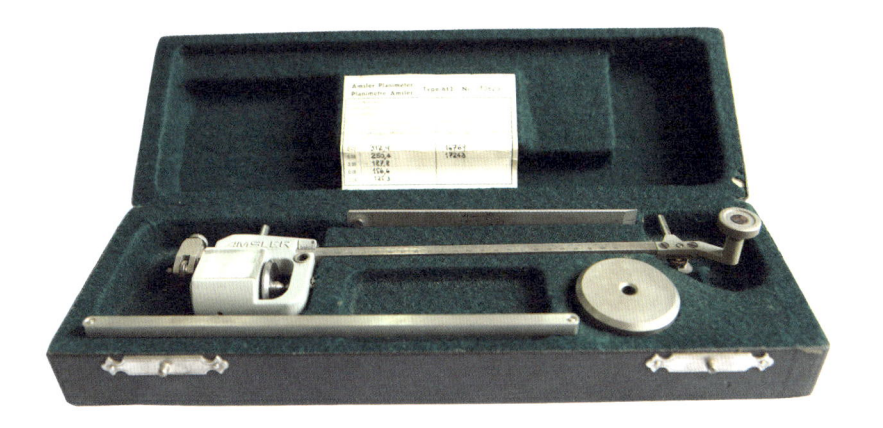

▲ 黄旭华早年研制核潜艇时经常用到的面积仪和计算尺

第四章　力克重艰

1959年，总体组基本围绕以下几方面的任务开展工作：第一，学习核潜艇的知识，继续消化苏联常规潜艇的设计技术，了解核潜艇与常规潜艇的异同；第二，收集资料，对核潜艇关键技术继续进行预研，进一步完善核潜艇初步设计方案；第三，拟制主要设备、材料清单及技术要求；第四，对核潜艇关键技术、重要参数及设计规则进行试验研究，验证设计思想。

当时，总体组分配给黄旭华的主要任务是寻找试验水池，对船体总体结构设计中涉及的关键技术进行试验，验证设计的科学性和合理性。

1959年至1960年初，黄旭华大部分时间在上海，当时上海交通大学的水池处在建设末期。虽然回到了上海，但他很少能回家与妻儿团聚，用他自己的话说，那段时间"几乎是泡在水池里"。他一方面参与试验水池的设计及建造，另一方面要筹备核潜艇水池的试验方案，他带着几个人从头做起，一项一项攻关。黄旭华最初所做的试验基本围绕水滴线型，因为他一开始就看好水滴线型，在某种程度上也是在验证自己的想法。

谈起那时的科研设计，黄旭华很感慨地说，生活条件艰苦还能慢慢克服，可科研条件困难有时真无能为力。当时最难的科研问题有两个：一是资料奇缺，二是计算条件太差。当时的计算工具只有计算尺和算盘，黄旭华至今还保存着当年用过的计算尺，上面深深的痕辙映射出当年科研工作者的艰辛。

经过一年多的经验积累，水池试验取得了一些成果，但也暴露了我国船舶试验水池建设存在的问题。此后，黄旭华代表造船技术研究室向上级提出建设我国高标准的各种类型的大型水池的必要性和重要性，以满足后期核潜艇及其他专业船舶研制的试验要求。1961年伊始，702所立项建设我国大型试验水池，黄旭华就带领钱凌白进驻702所，基于核潜艇水动力试验的要求，提出了操纵性水池、拖曳性水池、回转水池及风洞的技术参数，参与702所各种大型试验水池的设计

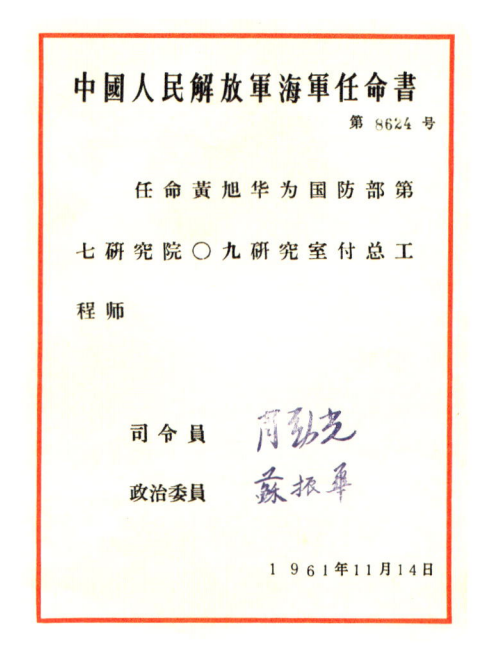

▲ 任命黄旭华为国防部第七研究院09研究室副总工程师的海军任命书

与建造，并对水池建设进行审查，为核潜艇再次上马后的水池试验打下了良好的基础。

1961年6月，黄旭华所在的研究室并入国防部舰艇研究院（国防部第七研究院，简称七院），改称09研究室。11月14日，鉴于黄旭华在核潜艇前期研制中体现出的专业能力、组织能力及优异的工作成绩，他被任命为09研究室副总工程师。自此，黄旭华走上了核潜艇研制的重要领导岗位，开始从全局上组织与协调核潜艇的总体工作。

1962年3月，经过黄旭华等技术人员三年多的辛苦努力，国防部第七研究院09研究室完成了《原子导弹潜艇初步设计基本方案（初稿）》，这个方案除了导弹核潜艇的初步设计方案外，还总结列举了包括全艇、反应堆、关键配套设备等关键技术157项，试验课题254项，导弹核潜艇不仅第一次有了一个相对完整和规范的总体设计方案，所列关键技术和试验课题也为后续的研究工作指明了方向。

黄旭华被任命为09研究室副总工程师之后不久，1961年12月14日，黄旭华的父亲去世了。黄旭华痛苦不已，由于工作缠身，保密要求又极为严格，他无法回广东参加父亲的葬礼。他没有解释任何原因，只能默默背负愧疚和兄弟姐妹们的埋怨。这是黄旭华一生的遗憾，至今无法释怀。

1962年4月，09研究室搬到北太平庄铁道学院。年中，黄旭华夫人李世英携女儿黄海燕来到北京，一家人总算结束三年的分居。虽说一家三口挤在一间破房子里，但这足以给夫人和孩子也给他自己最好的安慰。黄旭华高兴地说女儿现在是北京的妮子了，应该有一个符合北京特色的名字，就把女儿的名字改为"燕妮"。李世英调到北京的09研究室从事资料收集、整理与翻译工作，至此才知道黄旭华是干什么工作的，过去的一些不解和埋怨也烟消云散了，从此更加支持黄旭华的工作。

执着坚守

1962年，由于国内经济困难，加上中苏关系彻底破裂，中央最终决定让"09"工程下马。年底，七院09研究室进行整编，大批人员被分流，数以百计的研究设计人员调入其他单位。

1963年10月，为了落实中央关于保留核心技术骨干、保持对核动力及核潜艇总体等关键技术的持续研究的决定，七院09研究室、703所第五室、二机部47-1室合并，组建潜艇原子能动力工程研究所（715所），全所共160余名技术人员，周圣洋任副所长，彭士禄、黄旭华任副总工程师。

"09"工程的下马及715所的成立，标志着最初的核潜艇总体设计组和核动力设计组结束了自己的历史使命。核潜艇总体设计组从1958年7月成立，到1962年底下马，前后短暂的四年时间，虽然没有正式形成完整的核潜艇设计方案，但是对除核动力之外的核潜艇所有的结构及系统功能都进行过预研，对需要进行的专项研究也进行了梳理，对各种配套设备和技术也基本上摸清楚了，部分设计思想和技术已经趋于成熟。正因为在这一时期的开创、探索与积累，使得最初的总体组成为了我国核潜艇研制高级人才的摇篮。这里不仅走出了第二任核潜艇总设计师黄旭华，还培养了第三任核潜艇总设计师张金麟，我国新型核潜艇现任型号总师、被誉为"船舶设计大师"的宋学斌也是从这里学习起步的，还有像钱凌白这样一大批总体组人员后来都成为核潜艇研制的骨干。总体组奠定了我国核潜艇设计研制的基石。

"09"工程下马后，新成立的715所的人员丝毫没有懈怠，从1963年6月到1965年3月，彭士禄、黄旭华两位副总工程师带领保留下来的技术人员认真学习、提升专业理论水平，重新确定重点攻关方向，保持核潜艇研究的可持续性。

"09"工程虽然下马了，但是黄旭华等"09人"并没有放下自己的脚步，他们对核潜艇工程依然充满希望，他们坚信核潜艇下马只是暂时的，也是当时历史条件下不得已的选择，等到科研环境、经济条件趋好后，核潜艇工程一定会恢复上马。怀着这种坚定的信念，黄旭华在落寞中执着工作，也不断鼓励其他同志要有信心，保留核潜艇的火种，在沉默中等待转机和希望。

黄旭华并没有等待太久，很快他和他的同事们就迎来了曙光。

1964年6月，我国中近程导弹飞行试验成功；10月16日，我国第一颗原子弹爆炸成功。核爆的成功破除了美苏的核讹诈，也再次震醒了许多有识之士的核潜艇之梦。经济形势好转，科研条件改善，核潜艇工程再次上马的条件成熟了。

1965年春节，时任七院副院长于笑虹找到黄旭华和钱凌白，安排他们代表六机部向中央起草一个报告，阐明核潜艇工程恢复上马的必要性、可行性。3月13日，《关于原子能潜艇动力工程研究所领导关系的请示报告》上报。3月20日，经周恩来总理批准，核潜艇重新列入国家计划，核潜艇研制工作全面启动。

1965年4月，715所被划归二机部研究设计院，作为该院第二分部，对外称北京15所；5月，位于渤海湾葫芦岛的核潜艇总体建造厂在停工多年后恢复建设施工；6月，七院以701所2室（导弹常规动力潜艇总体研究室）和715所潜艇总体科

▲ 原造船技术研究室的研究人员转入719研究所后合影（左起：黄士龙、钱凌白、吴庭国、魏书斌、黄旭华、仇世民、张延飞）

为核心，成立了七院核潜艇总体研究所（719所），原七院一所副所长夏桐被任命为第一任所长，宋文荣、王诚善任副所长，黄旭华、尤子平任副总工程师。新成立的719所选址葫芦岛，与核潜艇总体建造厂比邻。

同年7月，海军会同二机部、六机部向中央专委呈送了核潜艇研制的具体建议，明确提出第一艘核潜艇以建造反潜鱼雷核潜艇（即攻击型核潜艇）为宜，在取得核反应堆用于核潜艇的成功经验后，再研制弹道导弹核潜艇。从技术上看，如果先研制导弹核潜艇，除了需要解决反潜鱼雷核潜艇的所有技术问题之外，还需要解决与导弹配套的发射装置、射击指挥仪和惯性导航仪等，而这些技术及设备的攻关难度很大，耗时费力；从军事上看，对付敌人的弹道导弹核潜艇最有力的武器就是反潜鱼雷核潜艇。因此，先研制战术性核潜艇，再研制战略性核潜艇，既能满足现实的军事需求，也符合科学研究的规律。

建议除明确核潜艇研制的大方向之外，对于第一艘核潜艇的研究、设计与制造，初步拟定了三项原则：第一，在所有的工作中执行大力协同的方针。在中央专委和国防工业党委领导下，各参研及协作单位密切协同，共同攻关。第二，立足国内，从实际出发。以转让仿制的中型鱼雷潜艇为技术基础，缩短战线，争取时间。第三，兼顾试验与应用。重点攻关核动力装置应用于潜艇的技术问题，同时在主要技术性能上满足海军提出的战术要求，使第一艘核潜艇既是试验艇，又是战斗艇。

1965年8月15日，周恩来总理主持召开了第13次中央专委会议，专题研究核潜艇上马的具体问题。会议同意报告所提出的核潜艇研制步骤及第一艘核潜艇研制、设计、制造的三项原则，明确提出第一艘核潜艇1972年下水试航的目标（1966年12月中央专委改为1970年下水试验），全面部署了核潜艇上马的各项工作。会后，中央专委向各有关单位连发7个通知，安排和落实核潜艇研制的相关工作。这次会议正式启动了我国第一代核潜艇研制的进程，1965年是我国核潜艇发展史上的转折点和里程碑，它也成为1958年之后我国核潜艇发展历史的第二个重要的坐标点。

七朵金花

719所成立之初，大家个个都热情高涨。为了保障大家的研究热情，同时集中力量解决核潜艇研制设计中的主要关键性问题，1966年1月，全所开展了技术"鸣放"大辩论。在这次辩论中，经过充分的辩论及研究，逐步形成了核潜艇研制的七大技术攻关项目,参研人员形象地称为"七朵金花"。

第一朵金花:核动力装置——提供水下长期航行的能力。

从某种程度上讲,核潜艇同常规潜艇最大的不同就在于动力装置。常规潜艇通常用柴油机作为动力来源,需要定期上浮充电、补充空气、添加燃料;而核潜艇以核反应堆为动力来源,几乎不用添加燃料,也不需要外界空气,水下续航能力可达20万海里。核潜艇工程无论第一次批准还是再次启动,核反应堆始终作为与核潜艇总体并列的两大核心攻关项目。核潜艇工程再次上马后,核动力装置的研制比较顺利,为"091"首艇的顺利下水及后续其他类型核潜艇的研制奠定了较好的技术基础。719所的侧重点在于核动力装置在核潜艇总体结构的布局及对核潜艇性能的影响,包括一回路、二回路的设计及核辐射屏蔽等技术问题。

第二朵金花:水滴线型艇型及操控设计——决定战术性能的先进性。

"091"首艇确定为水滴线型后,黄旭华、尤子平、闵耀元、陈源等设计人员一方面广泛收集有关资料,选取可行方案和各种参数,另一方面加大技术试验,希望取得水滴线型操纵性能的第一手资料。从1966年开始,719所与相关科研部门密切合作,开展了大量的模型试验研究,对选定的方案做验证性试验。同时,开展近10项专题研究,探索新的设计计算方法,为水滴艇型的设计提供了可靠的依据。

第三朵金花:大直径、高强度艇体结构——极限下潜深度的保证。

由于技术特点及战术性能要求,核潜艇的直径及排水量比常规潜艇要大,如果再追求下潜深度,那么对艇体结构强度的要求就远远高出常规潜艇了。黄旭华等设计师对此有着深刻认识,他们明白艇体结构设计对于水下核潜艇安全的重要意义,稍有疏忽,将会导致灭顶之灾。

第四朵金花:远程水声系统——先敌发现的利器。

核潜艇，尤其是攻击型核潜艇，先敌发现是攻击的基本要求，因此要求核潜艇必须有一副"好耳朵"，这副耳朵就是被动声呐。被动声呐通过远距离噪声测向，搜索与跟踪本艇周遭的噪声目标，并测出方位，同时将目标数据传送至武器系统实施跟踪或者攻击。没有先进水声系统的核潜艇就是"瞎子"，因此黄旭华从一开始就重视水声系统的研究。1965年底，黄旭华带领宋学斌等四位同志参加在武汉洪山宾馆召开的全国第一次水声会议，同来自全国的一百多位专家共同论证"091"首艇水声配套和布置方案。

第五朵金花：(鱼雷)武器系统——核潜艇的战斗力。

鱼雷(包括"091"后续型号的战略导弹、巡航导弹)及其发射系统是攻击型核潜艇、导弹核潜艇的战斗部门，是核潜艇执行军事任务、体现战略与战术威慑的具体形式。这一部分主要由配套单位来完成，黄旭华等719所设计人员主要考虑武器及发射控制系统的布置及攻击时核潜艇的战斗姿态控制。

第六朵金花：综合空调系统——艇员生命生存保障。

必要时，核潜艇需要在大潜深保持长时间潜航，因此对艇内的空调系统要求较高，这也是艇员生命保障及生存质量的必备条件。核潜艇综合空调系统包括氧气制备、二氧化碳吸收清除、有害气体转换、颗粒物净化、空气成分监测等功能，尽可能为艇员营造舒适的艇内环境。

第七朵金花：惯性导航系统——水下精确定位的保证。

核潜艇在大潜深航行时，对导航定位的精度要求非常高，常规导航系统无法满足其需要，唯一可以深度定位、安全隐蔽航行的只有惯性导航系统。惯性导航系统依靠自身的惯性元件进行导航，工作系统完全独立，能够给核潜艇提供良好的隐蔽性。经过707所等相关配套单位的多年技术攻关，我国的核潜艇终于在下水不久装上自主研制的惯性导航系统。

719所技术"鸣放"大辩论的出现体现了学术自由,"鸣放"没有先决条件,不设学术禁锢,调动了每一位科研人员的积极性。通过"鸣放"集思广益,核潜艇需要解决的核心问题愈来愈明确。"七朵金花"作为一代核潜艇人的思想结晶,符合系统工程的理论,为我国核潜艇的研制贡献了技术成果与思维方法。

模型研究

正确的研究方法是产生科学的研究成果的方法论保证。黄旭华在核潜艇研制及核心技术攻关过程中,非常注意研究方法的选择与运用,建模及模型研究方法是他在"09"工程中运用得比较成功的方法。

1958年核潜艇工程批准后,总体组在张景诚的领导下仅用3个月就设计了5个核潜艇总体方案,1959—1961年,黄旭华带领钱凌白等人在上海交通大学及708所的小试验水池中,通过简单的船舶模型测试潜艇的水动力性能,为核潜艇设计提供了直接的试验数据。

1966年起,黄旭华组织人力对水滴线型做了一系列的验证性试验。起初,他们制作蜡模型和木质模型进行试验;然后,制作了一个25米长、只能容纳一人的模型艇,由于缺乏测试仪器,只能让一位常规潜艇员驾驶模型艇,通过人体的驾驶感受来定性验证水滴线型的特点。通过这些试验,黄旭华逐渐认识到对于研制核潜艇这一集核电站与武器发射系统的"海底城市"而言,模型研究的重要性已经远远超出了其他的研究方法。

1966年底至1967年初,"091"首艇建造在即,虽然核潜艇的设计已经经过反复审核,但面对如此庞大的艇体和繁多的设备,许多都还是未知数。为了保证核潜艇建造、设备安装、维修保养、艇员战斗值班及生活的合理性,经黄旭华等人

▲ 黄旭华与核潜艇模型

提议，宋文荣所长决定在比邻719所的核潜艇制造厂建造一个1∶1的全尺寸核潜艇模型，来验证和指导核潜艇的总体布置及施工设计。

建造实体模型前，由于资料奇缺，当时对于核潜艇到底是什么样子的大家心里并没有底——要是能有一个核潜艇模型就好了！幸运的是，没过多久，他们竟意外得到了2个核潜艇的玩具模型，一大一小，分别由外事人员购于美国和香港，后转交给了719所。

大家拿到这两个玩具模型后如获至宝，搞了这么久的核潜艇研制，这还是第一次见到实物。黄旭华等设计人员研究之后更是喜出望外，这是美国当时建造的世界上第一艘弹道导弹核潜艇"乔治·华盛顿"号的高级模型。设计人员将玩具模型拆卸、测量，比照他们的设计讨论研究。通过对这个模型的研究，他们的心里更加踏实，认为他们对核潜艇的认识及关于"091"首艇的设计思路是正确的。

建造核潜艇模型的任务由刚刚担任719所总体组组长宋学斌负责，719所、核潜艇总体建造厂及核动力研究所联合实施，包括核动力堆在内的数以万计的机电设备、仪器仪表及管道电缆等由各地的模型厂按照图纸进行加工。模型制作过程中，黄旭华和尤子平常常亲临现场协调与指导。经过两年多的努力，一个耗资300万元，以木材为主体，结合廉价的硬纸板、塑料管、金属皮制成的全尺寸"木核潜艇"诞生了。这个1:1的"木核潜艇"相当逼真，不仅有核潜艇的外壳，内部舱室还按照实际布置了几乎所有的设备仪器模型。

全尺寸模型对于核潜艇的建造帮助很大。以前只能在图纸上凭借想象进行设备布置，有了实体模型就可以在舱室里寻找每一台设备的最佳位置、探索舱内使用空间的最大化、调整出各种管道电缆的最佳位置。

第五章 蛟龙入海

> 我不仅要为这条艇负责，更重要的是要为艇上170个乘试人员的生命安全负责。
>
> ——黄旭华

"091"下水

1958年核潜艇研制工程获批并启动，1962年核潜艇总体设计和核动力装置的初步设计草案完成，1965年反潜鱼雷核潜艇总体设计方案完成，1966年明确"091"首艇采用水滴线型，并要求在1970年下水试验。

按照1970年下水的计划要求，彭士禄、赵仁恺所主持的核动力装置陆上模式堆抓紧进行设计，黄旭华、尤子平则带领719所的设计师们开始了第一艘核潜艇的技术设计，同时为了验证设计的合理性及保证后续的施工设计的顺利进行，联合核动力研究所及核潜艇总体建造厂制作1:1全尺寸核潜艇木质模型。1967年5月，中央军委批准了国防科委上报的第一艘核潜艇战术技术任务书，指导"091"首艇的技术设计。中央专委也在同期发出指示，要求所有机关和部门，优先保证核潜艇研制的经费、物资器材及各种协作任务。核潜艇的研制按照正常的流程有序地推进着。

1968年1月，核动力研究所负责的核潜艇陆上模式反应堆正式开工建设，1968年4月初，黄旭华、尤子平领衔的核潜艇技术设计完成，"091"首艇于1968年5月在核潜艇总体建造厂开始放样，核潜艇建造拉开大幕。与此同时，"091"首艇转入施工设计阶段。为了加快进度，黄旭华组织719所全体技术人员组织了两次施工图大会战，突击完成700余份施工图纸和资料。1968年11月23日，"091"首艇开始下料，中国第一艘核潜艇正式开工建设。

1970年12月26日，我国第一艘鱼雷攻击型核潜艇在毛泽东主席77岁生日这天下水了！这艘核潜艇是"091"的首艇，舷号"401"。这是一个激动人心的时刻，黄旭华至今回忆起来依然历历在目：那天天气非常好，核潜艇庞大的钢铁之躯像一头巨鲸横卧在瓦蓝的天空之下，毛泽东的画像高悬在潜艇指挥台正上方，艇首扎着一簇巨大的红花，八面红旗在首水平舵上一字排开，一大批工人不停地振臂

▲ 下水前的"091"首艇——"401"艇

高呼，场面蔚为壮观。

"401"艇虽然成功下水，但距离正式投产还有很长一段的路要走。核潜艇下水后，首先要进行系泊试验，测试系泊、启堆、设备联调；然后进行航行试验，对核动力堆性能、应急动力转换、操纵性、导航系统、综合空调系统、全艇辐射情况等进行测试；最后，基于"401"艇的试验结果，逐步完成"091"的定型，实现第一代核潜艇的小批量建造。

经过长达四年的改进，在719所、核潜艇总体建造厂及海军军代表室的共同努力下，1974年"八一"建军节这天，"091"首艇"401"正式交付海军使用，加入中华人民共和国海军作战序列。这一天，海军司令员萧劲光代表中央军委宣布《第一艘核动力潜艇命名》，将该艇命名为"长征"1号，首任核潜艇艇长杨玺从海军副司令员高振家手中接过军旗，在核潜艇上庄严地升起了军旗。"长征"1号作为我国首条核蛟龙，缓缓驶向大海。从此，我国正式成为世界核潜艇俱乐部的第五位成员，中国人民海军也正式进入了"核时代"。

1975年8月3日，国务院、中央军委批准了第一代鱼雷攻击核潜艇的设计定型，719所对"091"的设计工作基本结束了，除部分人员依然参与对"091"后续艇的改进提高外，主要目标逐步转向"092"的研制设计之中。

论证"092"

我国第一代核潜艇包括"091"和"092"两种艇型，"091"是鱼雷攻击型核潜艇，"092"是弹道导弹核潜艇。在"091"进入技术设计阶段时，"092"的研制工作就启动了。

1967年6月，在"091"首艇技术设计正酣的时候，海军即提出了弹道导弹核

▲ 黄旭华于核潜艇建造厂吊装"405"艇燃料元件

潜艇的发展思路：第一阶段，在攻击型核潜艇的基础上研制弹道导弹核潜艇；第二阶段，在第一艘弹道导弹核潜艇的基础上研制高性能的后续艇。9月底，"092"总体设计方案的初稿完成。10月16日，国防科委和海军在北京友谊宾馆召开了导弹核潜艇及潜地导弹方案论证审查会（"1016"会议），会议决定由国防科委副主任刘华清、海军副司令员赵启民、七机部副部长钱学森、国防科委"09"办主任陈右铭、七院院长于笑虹等领导组成一个弹道导弹核潜艇研制领导小组。12月16日，国防科委批准了海军提出的弹道导弹核潜艇战术技术任务书，自此，"092"弹道导弹核潜艇的研制拉开了大幕。

在"092"研制初期（约1967年至1970年），黄旭华及719所的主要任务依然是"091"，设计人员在"091"和"092"上并没有明确的分工，因此在1970年以

▲ 航行中的"406"号弹道导弹核潜艇

前,"092"的研制推进并不快。在"092"研制初期,黄旭华的主要任务有两项,一是指导"092"的方案论证、初步设计和技术设计,二是协助七院713所研发潜艇水下导弹发射系统。

"091"和"092"的大部分材料、设备及技术系统是通用的,主要的差别在于武备系统,简单地说,在"091"上增加一个导弹舱就变成了"092"。然而这个导弹舱并不简单,要能容纳战略核导弹及发射装置,舱室直径和尺度远远超过其他舱室,而且结构特殊,影响到整个艇体的设计,给总体结构力学分析和结构设计都带来很大的难度。对于当时我国的核潜艇设计师来说,"092"具有很高的挑战性和突破性,算是尖端技术了。

为了鼓励钱凌白、许君烈、宋学斌等骨干,黄旭华对他们说:"不要害怕尖端,别把尖端神奇化,'尖端'通常不过是'常规'的组合。比如美国的'北极星'导弹和'阿波罗'飞船就没有太多新技术,主要是现有常规技术的组合。悟到这个理就能达成一种可能性——没有新技术、甚至是技术相对落后的国家也可以通过科学地组合常规而实现尖端，关键是你怎么融合。从某种意义上说，综合就是创造力。"在当时特殊的历史条件下，黄旭华这个关于"尖端与常规"的设计思想极大地鼓舞了年轻设计师们的信心，促使他们更加充分地发挥聪明才智，后期"092"的设计成果也印证了黄旭华这个设计思想的合理性。

弹道导弹核潜艇水下发射导弹时对艇体的运动姿态要求很高，姿态越稳定，导弹发射的命中精度就越高，同时核潜艇自身也越安全。我国的设计人员在搜集到的某国外专业刊物上看到：为稳定航行姿态，美国打算在核潜艇上装一个65吨的大陀螺，以抵消发射导弹时产生的巨大反作用力。

"092"要不要装这个大陀螺呢？当时的争论和分歧很大。美国的技术比我们先进得多，他们都用，我们敢不用？发射时翻了船谁负责？打不中目标谁负责？但是安装这个大陀螺及辅助系统势必要增加一个新的舱室，排水量随之增加，进而影响航速及操纵性。大量的国外资料显示，弹道导弹核潜艇相对于攻击型核潜艇，只是增加一个导弹舱，并没有增加其他舱室。同时，这个巨大的陀螺及其辅助系统的研制也具有相当大的难度，并没有在其他外刊发现研制这个大陀螺系统的任何资料。

基于这些，黄旭华判断安装大陀螺仅仅是开始时的一种设想，后期并没有付诸实践。他责成操纵组的"三元"组合——闵耀元、陈源、沈鸿源进行专题研究，在其他设计人员的大力配合下，通过大量力学数据分析和试验，推导出最佳总体设计方案，然后对艇的操纵面重新部署，达到控制平衡的目的。这个方案不需要增加艇体舱室，也不会增加核潜艇的排水量，不影响核潜艇的速度及其操纵性能，并且能够保证发射弹道导弹时艇体的姿态稳定。

通过"三元"对总体方案的优化，黄旭华最终胸有成竹地做出了取消大陀螺的决定。在黄旭华看来，这本就是一次节外生枝，只是意外地被一份外刊忽悠了一下。黄旭华说："我们是独立研究，不是依葫芦画瓢。是否使用大陀螺仅仅是一个设计时的技术路线问题，或者说是一个方案选择。"

十年怀胎

1970年9月25日，我国第一艘弹道导弹核潜艇在核潜艇总体建造厂开工建造。原计划1973年下水的"092"，最终一步步延迟，从开工到下水竟然历经了10个年头。其中原因有三方面：一是政治环境的干扰，"文化大革命"的影响导致核潜艇高层领导频繁变动，直到1975年张爱萍同志主持国防科工委的工作以后，"092"的研制才渐有起色；二是建造策略的调整，"092"艇和弹同步抓、一起研制，从而少走弯路，不追求艇体的建造进度；三是潜地导弹及其发射系统研制的技术难度太大，解决需要时间。

1979年9月，国防科委任命彭士禄为核潜艇工程总设计师，黄旭华、黄纬禄、赵仁恺为副总设计师。此后，我国核潜艇研制开始实施总师制，这为我国新一代核潜艇的研制探索出了一种新的技术管理模式，有效推进了我国核潜艇研制水平的提高。

1981年4月30日上午10点，我国自行设计研制的第一艘弹道导弹核潜艇经过十年怀胎，终于成功下水了！张爱萍副总理主持下水仪式，核潜艇在长鸣的汽笛声中从船墩上稳稳浮起，全场欢声雷动、群情激奋。从此，我国正式具有了海上战略核力量，具备了二次核反击能力，"三位一体"的核战略架构开始形成。

在亲历我国第一艘攻击型核潜艇下水之后，黄旭华又一次见证了我国第一艘战略核潜艇的诞生，两条蛟龙都凝聚了他的心血。他心潮澎湃，激动万分，挥毫写下诗句：

南征直捣龙王宫，北战惊雷震海空。
攻坚苦战两鬓白，犹有余勇再创功。

1982年6月，在"091"攻击型核潜艇处于改进提高的过程中、"092"弹道导弹核潜艇处于系泊试验的关键时刻，黄旭华出任719所所长，肩负起719所的行政领导及技术指导工作。1983年3月，就在弹道导弹核潜艇航行试验开始不久，黄旭华又得到了一个更重要的任命，国防科工委任命他继任"09"工程总设计师，原总设计师、黄旭华的老搭档彭士禄转任顾问，黄旭华就此成了我国第一代核潜艇的第二任总设计师。

1983年8月25日，我国第一艘舷号为"406"的弹道导弹核潜艇终于在海军试验试航基地交付海军训练使用，加入海军的战斗序列。10月19日，核潜艇部队举行了隆重的命名和授旗仪式，庄严的五星红旗在弹道导弹核潜艇上徐徐升起，并威严地驶向大海，我国第一艘具有战略威慑意义的核蛟龙威武地游向了浩瀚的大洋，守护着祖国和人民的安全。

亲历深潜

"091"首艇"401"下水后，"402""403""404""405"于20世纪80年代末陆续下水。在"091"的改进、完善和现代化改装的过程中，第一代核潜艇的各种技战术试验也逐渐展开。

▲ 1988年4月21日，黄旭华于指挥舰上观测"404"艇艇位

1981年，由海军北海舰队曲振侔副司令员亲自坐镇的"402"艇完成了31个昼夜的首次海上长距离航行。首次长航的成功，坚定了设计建造者的信心，打消了许多人对核潜艇的疑虑，积累了大量的数据资料，为核潜艇的下一步改进及后续艇的建造质量的提高创造了条件。1985年11月20日至1986年2月18日，"403"号核潜艇在我国黄海、东海海域进行了90个昼夜的海上航行，首次完成了我国第一代核潜艇的最大自持力极限考核试验。这次航行大部分时间为水下航行，最长的一次为连续25个昼夜。这次长航创下了世界海军核潜艇远航史上的奇迹，打破了美国"海神"号核潜艇所创下的连续航行83天零10小时的纪录。

1988年4月，作为"091"的主要设计研制者和第二任"09"总设计师，黄旭华亲自参与了第一代攻击型核潜艇最为重要、也是风险最大的最后一项试验——深潜极限试验。

深潜试验是最终检验核潜艇总体性能和作战能力的试验项目。我国的渤海、黄海、东海的海水深度不足以支持深潜试验，深潜试验必须转场到海水深度较大的南海海域进行。不同于长航试验及最大自持力试验，深潜试验要求核潜艇下潜到设计极限深度300米，甚至更深，一旦遇到问题将会艇毁人亡。1963年美国"长尾鲨"号核潜艇就在深潜试验中沉没，当时全艇的160余名官兵和试验人员殉职，至今原因不明。

由于责任和意义重大，此次深潜试验受到国务院和中央军委的高度重视，由海军和国防科工委联合组织实施，成立了核潜艇深水试验领导小组，黄旭华出任

▲ 1988年4月29日，"404"艇深潜试验顺利达到极限深度后，现场指挥部人员露出笑颜（左起：王道桐、黄旭华、王守仁、吴庭国）

▲ 1988年4月30日，黄旭华站在"404"艇前挥舞手臂欢呼深潜试验成功

深潜试验第一关极限深潜试验的技术负责人。

深潜试验开始前，已经做好了充足的准备，所有参试人员都表现出了义无反顾的勇气和决心。但对于第一次参与核潜艇深潜试验的官兵而言，仍是一个巨大的心理挑战，甚至有同志提前写好了遗书。感觉到参试人员的紧张和压抑情绪后，黄旭华做出了一个惊人的决定——亲自随艇指导下潜。

按照计划，黄旭华本应在地面指挥本次深潜试验，总设计师亲自下潜，世界各国从没有过这样的先例。当黄旭华说出这个决定后，大家都很诧异，纷纷劝阻。

▲ 1988年5月14日，黄旭华（二排左五）等719所参试人员试验成功后合影

但是黄旭华决心已定，他认为自己亲自参与深潜可以稳定参试人员的情绪，也有利于试验的成功完成。当时执行深潜试验的是"091"系列"404"艇，当官兵们得知黄旭华将随他们一起登艇后，大家的心理压力顿时放松了：核潜艇的总设计师都敢和我们一起试验，一定是有充分的信心能够成功。已年过六十的黄旭华以总设计师之位亲自随艇下潜，给了他们坚定的信心和无穷的勇气。

1988年4月28日，北海舰队副参谋长王守仁，技术负责人黄旭华、吴庭国、徐秉汉与全体参试人员共176人登上"404"艇，准备极限深潜试验。4月29日上午9时许，核潜艇下潜后出现了水声通信不畅的问题，潜艇被迫上浮至潜望深度待命，艇内气氛骤然紧张起来。

此时，为了舒缓紧张的气氛，有人提议大家一起高唱歌曲《血染的风采》。黄旭华则笑着说："《血染的风采》有些悲情，我们是去试验的，是去拿数据的，不是去牺牲。我们要唱就唱《中国人民志愿军战歌》，这首歌气势雄壮、催人奋进。"于是，他带领大家一起高唱："雄赳赳、气昂昂，跨过鸭绿江，保和平、为祖国、就是保家乡，中国好儿女，齐心团结进……"顿时艇内的气氛活跃了起来，大家的情绪也渐渐放松开来。

上午11时许，核潜艇继续下潜，"404"像巨鲸一样一头向大海深处扎下去，100米、200米、250米……海水巨大的压力使得艇体结构相互挤压发出"咔嗒、咔嗒"的响声，一共11次，每一次都击打着参试人员的耳膜和心房，大家的心都提到了嗓子眼儿。中午12时10分52秒，深度计指针指向极限深度300米，一声清脆的"停"的指令发出，舱内先是一阵寂静，随后爆发出阵阵欢呼——极限深潜成功了！

核潜艇滞留一段时间后开始上浮，至100米左右时，指挥舱内的王守仁、黄旭华、王道桐、吴庭国四位负责人合影留念。黄旭华还现场挥毫泼墨，写下了："花甲痴翁，志探龙宫；惊涛骇浪，乐在其中。"

潜射试验

"09"工程由"堆"（即艇用核反应堆）、"艇"（即核潜艇总体）和"弹"（潜射弹道导弹）三驾马车组成，没有"弹"的核潜艇就像是没有牙齿的鲨鱼。

1968年，七机部四院四部划归一院，负责潜地导弹的研制工作，我国"两弹一星"元勋、"东风"型号导弹副总设计师黄纬禄院士出任潜地导弹总体设计部主任，承担潜地导弹研制的技术抓总工作。自此，为了"09"工程的"艇"与"弹"的配合与协调工作，黄旭华与黄纬禄走到了一起，被称为"二黄"。

1968—1982年，潜地导弹的研制趋于成熟，随着陆上各项试验相继完成，即将进入潜艇发射遥测弹试验阶段，这是真正考验潜地导弹从水下发射到出水、空中飞行控制、落地命中目标的全程试验。试验按照计划分三次进行，代号"9182""9185"和"9188"。

"9182"任务是使用常规潜艇水下发射我国自行研制的第一代两极固体潜射战略导弹"巨浪"1号，执行发射任务的是我国当时唯一的一艘常规弹道导弹潜艇"长城"200号。为保障试验的顺利进行，1980年，由海军和国防科工委主要领导组成的潜地导弹海上试验领导小组成立，潜地导弹总设计师黄纬禄任试验总师，"09"副总设计师黄旭华、国防科委测量通信总体所副所长沈荣骏、海军潜地导弹试验部队参谋长谢国琳任副总师。

1982年10月1日，新华社向全世界发布禁航公告："中华人民共和国将于1982年10月7日至10月26日，向北纬28度13分、东经123度53分为中心，半径35海里圆形海域范围内的公海上发射运载火箭……"

1982年10月7日凌晨，黄旭华同全体参试人员做好各项准备工作，期待发射时刻的来临。15时14分01秒，"长城"200号弹道导弹潜艇发射了第一枚潜地导弹。发射、出水、点火正常，但点火升空约100米时，意外的情况发生了：导弹突然失控翻转，在空中以大姿态角度"调头"飞落，超出安全范围后爆炸，碎片散落海中。当时所有人，包括黄纬禄、黄旭华等指挥负责人在内，对于这一突发变故，一时之间都有点反应不过来，紧张的情绪也迅速笼罩着大家。

首射失利后，参试人员还是很紧张的。中央军委及海军领导人聂荣臻、徐向

▲ 1982年10月"9182"任务顺利完成后,黄旭华(左二)与黄纬禄(左一)、林毅(左三)等兴奋交谈

前、张爱萍等人在首射失败后相继作出指示,要大家不要泄气,更不要相互埋怨或者追究责任,要总结经验、找出问题,以利再战。中央领导的关怀和鼓励,使广大参试人员放下了思想包袱,黄纬禄、黄旭华迅速组织技术人员进行分析、审核和检验,很快找到了事故原因——连接一级和二机弹体之间的控制信号传感插头的提前脱落。

首射失利的原因找到后,黄纬禄优化了级间插头设计,采用了双保险的设计方案,确保了发射的可靠性。1982年10月12日,"长城"200号发射了第二枚潜地导弹,导弹出筒、跃出海面、二次点火,然后拖着长长的烟龙直上云天,划过一条优美的弧线后消失在遥远的天际。随后,指挥所大厅广播报告"弹头命中预

▲ 1982年10月，参加"9182"任务的719所同志于试验胜利结束后合影（前排左三为黄旭华）

定海域！"

"巨浪"1号发射成功！所有参试人员欢呼雀跃，黄旭华和黄纬禄激动地拥抱在一起。

国之重器

"9182"成功后，利用"092"弹道导弹核潜艇发射"巨浪"1号潜地导弹的试验进入了议事日程，代号"9185"。参照"9182"任务模式，"9185"任务成立了发射首区和末区指挥部，其中发射首区设立总师组，黄纬禄、黄旭华、赵仁恺、周

▲ 1985年10月,黄旭华(前排右七)等"9185"任务参试人员合影

淦林四人组成总师组,黄纬禄任组长。

1985年9月28日,"406"号弹道导弹核潜艇到达发射海域,各项准备工作就绪后首次实施水下发射潜地导弹。导弹顺利出水后飞行爬高,但随后导弹变得不稳定,稍后翻转自毁。随后于10月7日和10月15日进行的发射试验,都遭遇了同样的失败。

"9182"发射的潜射导弹采用的是水下发射、水上点火的发射方式,"9185"试验所使用的潜地导弹则是采用水下点火的方式。"9185"失败后,黄纬禄同黄旭华经反复论证，认为水下发射的力学环境太复杂，"巨浪"1号潜地导弹不适合进行水下点火。虽然"9185"试验三次发射均告失利，但是试验证明了弹道导弹核潜艇总体结构是合理的，发射时的姿态控制也是成功的，导弹发射动力系统工作正常。

"9185"发射失利否定了导弹水下点火的发射方式。1987年，第二次弹道导弹核潜艇水下发射潜地导弹的试验启动，代号"9188"。"9188"采用与"9182"相同的水下发射、水上点火的发射模式，并明确作为"巨浪"1号型潜地导弹的定型试验，执行"9188"发射任务的依然是"406"号弹道导弹核潜艇。1988年初开始进入预先准备阶段，8月19日，国务院总理李鹏亲临首区视察发射准备工作，并题词勉励全体参试人员。

1988年9月15日上午，随着艇长杜永国一声"发射"的命令下达，导弹冲破海面，拖着长长的橘红色火焰直刺长空。此时黄旭华的神经并没有放松，紧张地

▲ 1988年9月15日，我国第一代核潜艇研制工程的四位总设计师聚于"406"艇前（左起：赵仁恺、彭士禄、黄纬禄、黄旭华）

倾听着总调度台不时传来的消息："导弹飞行正常""跟踪正常""第一级发动机脱落""第二级发动机点火""第二级发动机脱落"。不久，在海上等候已久的"远望"1号、"远望"2号测量船传来报告："发现目标""遥测船已测到再入舱，飞行正常""再入舱溅落""正中落点目标"。刹那间，各处参试人员齐声欢呼，所有船只齐声鸣笛庆贺发射成功。

拥抱、握手、击掌、雀跃，相互庆贺的浪潮席卷着首区指挥所，也淹没了彭士禄、黄旭华、黄纬禄、赵仁恺，他们无不热泪盈眶，几十年的热血、汗水、艰辛终于迎来了成功。在试验成功返航后，我国第一代核潜艇首任总设计师彭士禄、第二任总设计师黄旭华、副总设计师黄纬禄和赵仁恺聚于凯旋的第一代弹道导弹核潜艇"406"号前亲切合影，这是一张具有纪念性的经典照片，它是30年我国第一代核潜艇从批准到形成战斗力的最富代表性的见证。

12天后的9月27日，"406"号核潜艇再次发射了一枚潜地导弹，同样取得了圆满成功，首制弹道导弹核潜艇潜地导弹定型试验全部结束，"9188"任务圆满完成，我国正式成为继美国、苏联、法国、英国之后，第五个拥有核潜艇水下发射运载火箭能力的国家，人民海军拥有了捍卫和平的国之重器。

1989年12月24日，在潜地核导弹武器系统定型审查会上，军委副主席刘华清见到黄旭华、黄纬禄等许多为核潜艇奋斗了大半生的老同志后，激动地说："毛主席等老一辈无产阶级革命家下的决心，现在终于实现了。1988年海上试验成功，今年就要定型了，为祖国、为党争了一口气！大家是做出了巨大的贡献的，应当向所有参加研制工作的专家、广大科技人员、工人、解放军指战员表示由衷的感谢！"听到这句话，黄旭华百感交集。的确，为了毛主席的誓言，他们默默无悔地贡献了自己的一生。

1987年、1988年是黄旭华最繁忙、最为奔波的两年，他同时忙于"091"的深潜试验和"092"的导弹发射试验，频繁往返于渤海湾及南海，横跨大半个中国。1991年2月，国务院、中央军委军工产品定型委员会批准了"巨浪"1号潜地核导弹武器系统定型。至此，我国第一代核潜艇研制基本结束，黄旭华也自此渐渐退居二线。

第六章 誓言无声

> 我就像核潜艇一样，潜在水底下。此生属于祖国，属于核潜艇，我无怨无悔。
>
> ——黄旭华

荒岛十年

1965年6月，719所宣布成立并决定选址葫芦岛。葫芦岛地理条件优越，作为核潜艇建造及试验基地可算是天然的好地方。但对于人的生活而言，这里就是一座"荒岛"，当时的葫芦岛荒芜凄凉、乱草丛生、人迹罕至，黄旭华戏谑地说这里"一年刮两次风，一次刮半年"。

不仅自然条件恶劣，葫芦岛当时的生活条件也很艰苦。时任719所副总工程师尤子平回忆说："当时那里风沙大，荒寂冷清，生活很艰苦，连自来水都供应紧张，生活区白天不供水，晚上才来一点，大家用盆盆罐罐接水备用。吃的是带糠的高粱米，定量少得可怜的一点玉米粉也是稀罕之物，每人每月3两油的供应一直维持了十来年，蔬菜几乎绝了迹。有一年春节将至，副食品商店门口居然贴出大张红纸，赫然写着'欢度春节，每

第六章 誓言无声

人供应红方（酱豆腐）一块'，可见当时供应之匮乏。"

那时719所的职工经常要去外地出差，每个出差的人都会帮大家从外地带回需要的生活用品。每次火车一进站，出差回来的同志就打开车窗往下扔东西，大伙儿大袋、小袋地背回家，全是猪肉、猪油、大米、挂面、酱油、饼干、鸡蛋等副食品。当时在葫芦岛流传着一句顺口溜："离开时像兔子，采购时像疯子，回来时像骡子，到家一甩像沙子，报账时像傻子。"当时的大米供应极少，黄旭华说自己家平时主要吃的是一种掺了棒子面、高粱面等杂粮的所谓"标准面"，这种面很硬，做成的大饼像锅盖、面条像皮带。油的供应也经常缺乏，有时半年也吃不上一滴油，猪肉也是时有时无。到了冬季，家家户户挖地窖贮存大白菜，大家都是几百斤地买，尽可能多地贮藏。穷则思变，各家各户慢慢开始养鸡，有了鸡蛋吃，在一定程度改善了大家的生活。吃的苦，住的也难，当时719所的住房大都是极其简陋的半成品房，冬季保暖的效果很差。黄旭华当时算是受到优待，一家人住在三楼，但是和大家一样，房子小、质量差不说，一年四季还没自来水，只能每天去楼下端水。

办公条件同样也特别差。开始时，300多人挤在两幢狭小的三层楼里，办公桌根本摆不开。好在出差的人多，谁出差了，就把谁的桌子搬到外面，回来了再把后面出差的人的桌子挪走，就这样轮流着办公。

职工们苦点、难点还能克服，最难的是当时的家属及孩子们，她们常年待在岛上，不仅要克服恶劣环境、供应短缺、交通闭塞、生活配套设施缺乏等困难，还要料理家庭、照顾老人、抚养孩子。想到这些，黄旭华总是感慨地说，家属们很苦，但并没有太多的怨言，她们对于核潜艇事业的付出一点也不比他们这些设计师们少。黄旭华总觉得愧对自己的三个孩子，尤其是大女儿燕妮。

1966年初，怀有身孕的李世英去上海待产，黄旭华就把大女儿接到了葫芦岛。

79

▲ 1975年，黄旭华一家在葫芦岛合影

可是他不仅工作很忙，而且还要经常出差，实在没办法带孩子。无奈之下，只好把燕妮托付给一个叫徐春风的女同志带。徐春风白天也要上班，工作也很忙，因此大部分时候燕妮总是一个人孤独地待在家中。徐春风当时还是一个大姑娘，却像妈妈一样带了燕妮近一年的时间，直到李世英1966年底调到葫芦岛为止。

黄燕妮对于冬天葫芦岛上学的情景记忆犹新："当时，整个葫芦岛只有一所核潜艇总体建造厂办的小学，学校位于两山之间的一个风口处，葫芦岛冬天本就寒气逼人，刮起的大风又如同刀子一样割在脸上、如同针一样扎在身上。上学时帽子、口罩、手套是必备的，一样都不能少。从口罩哈出来的气在眼睫毛上结成冰，头发上结的冰霜和帽子常常冻到一起，每天上学到教室、放学回到家中时，心窝子里都是凉的。"

有一天的早晨风雪狂舞，李世英对女儿说今天风雪这么大，就别去上学了。可是，看似柔弱的燕妮和父亲一样倔强，坚持要去上学，李世英只好给女儿穿暖和些，让她去学校了。到了下午放学的时间，迟迟不见女儿回家，随着天越来越黑，李世英开始急得跳脚。

原来，放学时黄燕妮和另外一个女孩子想抄近道，可厚厚的雪盖住了平常走的小路，两个孩子只能在没膝深的雪地里爬行，常常掉进了齐胸口的坑里，根本就走不动。等大人们把孩子找回来时，燕妮已经冻得嘴唇发紫、脸色发黑、浑身冰凉，一句话也说不出来。李世英赶紧把燕妮送往医院，诊断为严重肺炎，心脏也不好。李世英心如刀绞，日夜悉心地照料着孩子。最终燕妮算是自鬼门关里走一遭，从此身体更弱了。

自然条件的恶劣、生活条件艰苦虽然让他们的肉体经受着煎熬，但这并不是最让他们感到最痛苦的，最让他们无法忍受的是荒诞的政治运动和精神上的折磨对他们所造成的戕害。

然而，这些困难没有摧垮我国第一代核潜艇人的意志，他们依然在与天斗、与地斗、与人斗的环境中倔强地前行，硬生生地凭借钢铁般的意志、顽强的双手实现了核潜艇的梦想，从而锻造出一种独特的"核潜艇精神"。

赫赫无名

1956年，黄旭华最后一次回老家过春节。母亲拉着他的手说："我和你爸也老了，你们要经常回来看看……"黄旭华点头答应。可从这之后，他再也没回过家。干"09"的30年，黄旭华和父母兄弟几乎没有联系，家里人多次写信问他在北京什么单位、做什么工作。面对家人的不解和埋怨，黄旭华能给出的回答，永远是

▲ 文章《赫赫而无名的人生》

沉默。

1987年第6期的《文汇月刊》刊载了一篇文章，标题是《赫赫而无名的人生》。文中描述了一个1949年自交通大学毕业的广东客家后裔，为研制我国第一代核潜艇隐姓埋名30余年。黄旭华把这本杂志寄给了母亲。虽然文章中并没有提到黄旭华的名字，可母亲硬是从字里行间读出了他的样子。母亲满脸泪水一遍又一遍地读着这篇文章，她把子孙们召集过来，郑重地对大家说："三哥（黄旭华）的事情，大家都得谅解！"

34岁，黄旭华投身研发中国第一代核潜艇的事业。

46岁，他参与设计的中国第一代核潜艇下潜成功，让中国成为世界上第五个拥有核潜艇的国家。

64岁，他亲自登艇参与深潜试验，成为全世界第一位参与核潜艇极限深潜试验的总设计师。也是这一年，他已阔别家乡三十载，荣归故里时，父亲和二哥已经去世，高堂老母已93岁高龄。

如同核潜艇一样，黄旭华就这样"深潜"了三十年。从而立到古稀，黄旭华只做了一件事：研制中国自己的核潜艇！是怎样的信念让他在青丝化作白发的人生旅程中，甘愿隐姓埋名，且始终无怨无悔？他曾经说过这样一番话，也许可以解释一二：

入党转正思想汇报时，我对支部书记说："列宁曾经说过，如果党需要他一次把血流光，那他就毫无遗留；如果需要他一滴一滴地流，他也会做到。我要以列宁这番话要求自己，无论需要我怎样流（血），我都会直到把血流光为止。"所有的名利我都可以不要，家里的问题我也忍受下了，为的是毛主席那句"（核潜艇）一万年也要（搞出来）"，那是天大的事情，其他事情都可以忍受，都可以放弃，我是这样的思想。

黄旭华的甘于"无名"，还体现在他对名和利的淡泊。

黄旭华于1964年由国防部任命为第七研究院第十五所副总工程师，自此走上了领导岗位。其后，分别于1965年任719所副总工程师、1979年就任"09"工程副总设计师、1982年就任719所所长、1983年继任"09"工程总设计师、1985年任719所党委书记、1994年当选中国工程院首批院士。然而，数十年来，黄旭华没有利用手中的权力为自己或者家人谋过任何一份名、一丝利。

单位派他出国考察，他总是把机会让给别人；所里评职称，他也不争不抢。大女儿在葫芦岛落下哮喘的病根，妻子希望黄旭华想办法安排燕妮进所里工作，被黄旭华坚决拒绝。另外两个孩子，黄旭华同样没有因为他们读书和工作动用过任何社会关系。他鼓励自己的孩子们到社会上去打拼，如今，他们都拥有自己称心的事业，成为行业翘楚。

功勋人生

2017年11月17日，全国精神文明建设表彰大会在北京人民大会堂隆重举行，习近平总书记亲切会见了参加大会的600多名代表。会上，一位白发老人引起了

▲ 黄旭华获得中央电视台"感动中国"2013年度人物称号

大家的注意，总书记热情地拉着他的手，邀请他坐在自己的身边。看到电视画面里的这一幕，人们不禁疑问——这位老人是谁？

他就是中国第一代核潜艇总设计师黄旭华，从前赫赫却无名的他，如今已是荣誉等身。

1988年9月26日，《人民日报海外版》刊载的文章《中国核潜艇诞生记》中首次比较系统地报道了总设计师黄旭华研制核潜艇的事迹，这是他第一次以完整的形象出现在公众面前。随后，部分媒体的相关报道开始零星出现，但都未引发太多社会关注。

在获得中央电视台"感动中国"2013年度人物的称号之后，黄旭华的名字开始受到更多关注，媒体报道中将他称为"中国核潜艇之父"。然而，对于这个称号，黄旭华曾多次表示拒绝："核潜艇建造的成功是一代人共同努力的结果。如果一定要有一个'中国核潜艇之父'，那么这个'父亲'是一群人，是所有参与第一代核潜艇的设计者、建造者和领导者。"

2017年10月25日，黄旭华获得年度何梁何利基金最高奖——"科学与技术成就奖"，以表彰他为中国第一代核潜艇的从无到有、第二代核潜艇的跨越发展和第三代核潜艇的探索赶超做出的卓越贡献。与他一起获奖的，还有中国核潜艇和核电站事业重要的开拓者和奠基人之一彭士禄。

2019年，黄旭华迎来了人生的高光时刻，被授予中华人民共和国最高荣誉——"共和国勋章"。9月29日，在全国各族人民共同庆祝中华人民共和国成立70周年之际，在北京人民大会堂隆重举行了颁授仪式。"共和国勋章"是中华人民共和国最高荣誉勋章，授予在中国特色社会主义建设和保卫国家中作出巨大贡献、建立卓越功勋的杰出人士，截至2021年仅有9人获得。黄旭华在颁授仪式后接受采访时说："能够荣获'共和国勋章'，我深感荣幸。核潜艇是全国大力协同的产物，是整个科研生产团队共同努力的结果。荣誉是属于大家的，这是国家对核潜艇事业的高度肯定。"

▲ 2019年9月29日，黄旭华在"共和国勋章"颁授仪式上讲话

▲ 2020年1月10日，黄旭华和曾庆存（右一）共获得国家最高科学技术奖

2020年1月10日，2019年国家最高科学技术奖揭晓，中国工程院院士、著名核潜艇专家黄旭华，中国科学院院士、著名大气科学家曾庆存，共同荣获本年度国家最高科学技术奖。奖励大会在北京举行，习近平总书记亲自为他颁发奖章和获奖证书。对于问鼎国家最高科学技术奖，黄旭华直言"没有想到"，他说："这个奖代表的是个人科学技术水平达到了最高境界，虽然是奖励给我个人，但更重要的是给我们船舶人，给和我们有关系的协作单位。"

2021年9月26日，郑晓龙总导演的电视剧《功勋》在各大卫视同步播出，该片分为八个单元，依次讲述了李延年、于敏、申纪兰、孙家栋、张富清、袁隆平、黄旭华、屠呦呦八位功勋人物的故事。该剧取材于首批八位"共和国勋章"获得者的真实故事，以"国家叙事、时代表达"的艺术手法，用单元剧的形式，将首批八位功勋人物的人生华彩篇章与共和国命运串联起来，诠释了他们"忠诚、执着、朴实"的人生品格和献身祖国人民的崇高境界。其中，《黄旭华的深潜》单元由国家一级导演杨阳执导、黄晓明主演，以核潜艇下潜极限为故事压力点和戏剧转折点，再现我国自主研发核潜艇的艰难历程。剧集播出后好评如潮，在社会上引起强烈反响——功勋者们将个人理想与祖国的命运紧密相连，有大国重器的时代所需，有父老乡亲的家国所依，有黎民苍生的生计所系。他们身体力行地诠释了祖国和人民的利益永远是他们行动的根本遵循，祖国和人民需要干什么，他们就去干什么；需要干多久，他们就干多久，不达目的誓不罢休，不获全胜绝不收兵……

面对纷至沓来的鲜花和赞美，黄旭华表现得淡定且冷静。他多次对媒体说，希望他们不要报道自己，而是更多地宣传为核潜艇做出巨大贡献的其他建设者。他一再告诫记者，少宣传他个人，多挖掘"09"精神及其他人的事迹。

深潜归来

随着我国第一代核潜艇及其武备系统全部定型，黄旭华等老一辈核潜艇研制人员逐渐退居二线，结束了自己的"深潜"人生。但黄旭华并没有闲下来，而是为了国防事业、科技进步和人才培养继续奔波忙碌着。

1989年，为了对第一代核潜艇的研制进行一个系统的总结与梳理，国防科工委组织一部分从事核潜艇研制的老同志编写了内部资料《核潜艇史料集》。作为主要发起人和负责人之一，黄旭华高度重视这项工作，亲自参与编写和审定。黄旭华说，他们这一代核潜艇人身上有一种精神，他称为核潜艇精神或"09"精神，可以总结为16个字——"自力更生，艰苦奋斗，大力协同，无私奉献"。

黄旭华认为，"09"精神在今天依然具有现实意义，有时比技术还重要，年轻一代要把"09"精神发扬光大，并赋予新的时代内涵。

只要有机会，黄旭华就竭力宣传"09"精神。如今的黄旭华一如既往地关心我

▲ 2011年4月9日，黄旭华（左三）参加上海交通大学建校115周年庆典活动，并获得杰出校友成就奖

国新一代核潜艇的研制，他经常参与相关重大项目的论证及审查工作，从自身专业的角度建言献策，为国家重点建设项目贡献自己的智慧。黄旭华关心国家科学技术的发展进步，常常不计酬劳、不辞辛苦地推进一些科技项目的实施。

今天的上海交通大学，既是黄旭华专业技术的摇篮，又是他走向革命的起点。退居二线后，黄旭华多次回到母校跟师生们交流，勉励他们为祖国的富强而努力学习。2011年4月9日，黄旭华在母校115周年校庆上获得杰出校友卓越成就奖，并发表了热情洋溢的讲话。

作为广东客家人，黄旭华也时刻关注着家乡的发展建设，对老家的科学技术、经济建设及教育事业的发展状况提出建议，并尽自己的能力解决一些实际问题。他还多次回到母校聿怀中学，2017年9月29日，黄旭华参加聿怀中学140周年校庆活动，回忆了在聿怀的求学时光，感慨母校取得的巨大进步，呼吁广大校友一如既往地支持母校的发展，也鼓励在校学子们树远大理想，立自强之志，迈坚实脚步，努力成为聿怀新一代的骄子。

黄旭华一直十分关心青少年的教育发展。2016年，93岁高龄的他参加了中央电视台第200期《开讲啦》节目的录制，跟大家分享了自己的成长、求学、科研经历以及人生感悟。这是一档专门面向青少年的电视节目，他也是央视王牌节目开播四年来最年长的一位开讲嘉宾，主持人撒贝宁说这是他听过的最震撼、最让人心情久久无法平静的演讲。

2021年10月28日，黄旭华将个人奖金1100万元捐赠给719所，设立"黄旭华科技创新奖励基金"，该奖励基金每两年评选一次，用于奖励为推动装备研制事业创新发展作出重要贡献的科研人员。这不是黄旭华第一次将个人奖金捐出，不久前的7月29日，他就曾向"武汉科普发展公益基金"捐款100万元，用于支持社会大众特别是青少年的科普工作，这是该基金成立后接收的第一笔捐款。此外，黄旭

▲ 2021年10月28日，黄旭华在"黄旭华科技创新奖励基金"上捐赠1100万元

▲ 2009年5月20日,黄旭华与719所的年轻技术人员在一起交流

华还给自己的母校——上海交通大学、桂林中学等捐款或设立基金,用于支持教育事业发展;向湖北省科协、武汉市科协、武昌区科协分别捐款,用于支持科普事业。据统计,黄旭华所获得各种奖项奖金逾2000万元,几乎全部捐献了出来。

如今,九十多岁的黄旭华依然坚持每周去单位上班,上午搞科研、跟年轻人交流,下午整理资料。几十年来,黄旭华言传身教,培养和选拔出了一批又一批技术人才。

黄旭华说:"虽然我现在年龄大了,已经退出一线,但我感觉我的责任并没有完。我现在的责任是给新一代核潜艇人当啦啦队,给他们鼓劲儿!"

第七章 科研之外

祖国召唤，只争朝夕，〇九精神，激励奋进。
擒龙捉鳖，苦战告捷，展望未来，任重道远。
百尺竿头，更进一步，一万年太久，只争朝夕。

——黄旭华《〇九战歌》

才艺痴翁

作为我国核潜艇事业的开创者之一，黄旭华不仅取得了事业上的成功，其人生也是丰富多彩的。

黄旭华兴趣爱好广泛，少年时代就表现出了表演和歌唱的天赋，交通大学"山茶社"时期，以文艺表演的方式宣传进步思想。黄旭华对各种乐器也情有所钟，甚至有点无师自通。在儿时，他自己不仅学会了识谱，还琢磨会了口琴吹奏，以后又培养出了一些非常规的演奏技巧。在核潜艇研制最困难、最紧张的时候，黄旭华总能在音乐中舒缓压力、获得灵感。

黄旭华不仅识谱唱歌，还会写歌谱曲。为了诠释"09"精神，黄旭华谱写两首歌，一首是《〇九人之歌》，另一首是《〇九战歌》。

除了音乐和戏剧，黄旭华还喜欢体育。他的篮球、乒乓球

◀ 《〇九人之歌》的手稿

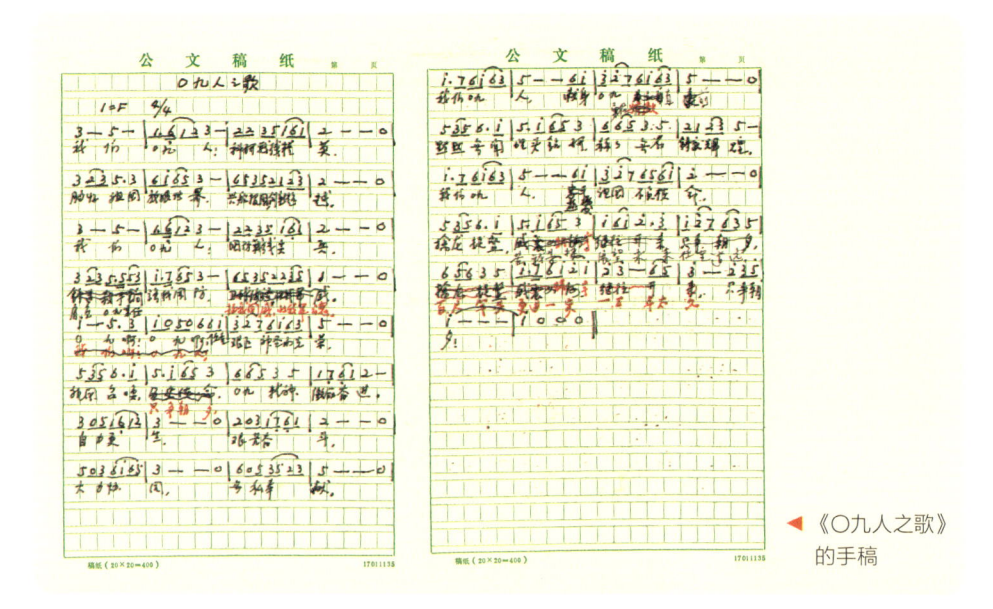

▲ 清晨练习太极拳的黄旭华（摄于2014年9月26日）

水平算得上一把好手，还获得过国家乒乓球三级运动员称号。他的太极拳可谓一绝，每天早晨坚持练习，几十年从不间断，已然成为719所家属院里一道固定的景致。在承担核潜艇研制任务的那些年里，黄旭华能够在高强度、高压力的工作环境中依然保持思路清晰、精力充沛，很大程度上得益于他乐观的心态和健康的生活。

和谐之家

无论在哪个历史时期，无论生活条件与状况如何，黄旭华的家庭永远充满着自由、温馨与欢乐。

妻子李世英对丈夫的事业鼎力支持，家中琐事全部独自承担，如此才让黄旭华能够心无旁骛地专注在核潜艇上。黄旭华的工作需要经常出差，每次临行前，李世英总把他的行李准备妥当。黄旭华的头发几十年来都是由夫人修剪，外人只看到不管条件多艰苦、无论是春夏秋冬，黄旭华总是容貌整洁、穿着得体，殊不知这全都得益于李世英照顾丈夫关怀体贴，打点家里细致入微。

▲ 年轻时的李世英（1964年于北京）

不仅如此，李世英还具有知识女性的进步思想和专业能力。李世英的语言能

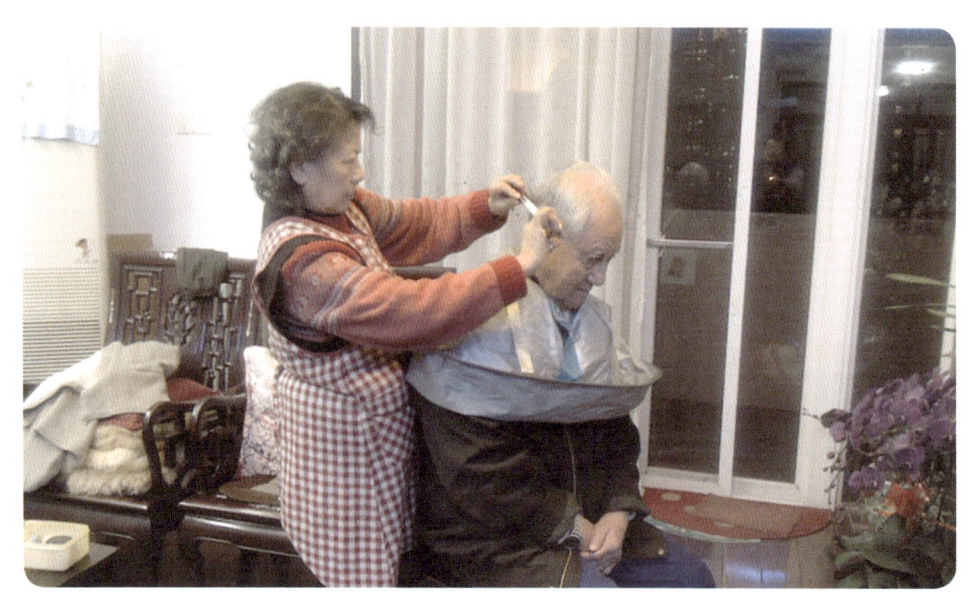

▲ 李世英为黄旭华修剪发型（摄于2008年7月4日）

▲ 1999年7月10日，黄旭华与李世英在游艇上跳华尔兹

力很强，精通俄语娴熟、英语、德语，早年在船舶工业管理局作为苏联专家的翻译。参加"09"工程后，李世英的工作主要转向潜艇、造船技术方面的情报资料的搜集、翻译及期刊编辑工作，为核潜艇研制设计提供情报支持。

黄旭华虽然工作繁忙，但他十分珍惜与家人相处的机会，只要有时间，他总陪着孩子们玩耍。在北京的公园，黄旭华和女儿一起划船；冬天，他用一只板凳做了一个滑板，和燕妮一起在湖面上溜冰；在葫芦岛的荒地里，黄旭华和孩子们堆雪人、打雪仗；在武汉的春节里，黄旭华和家人一起放鞭炮、玩游戏。

如今，每逢周末一家人喜欢踏青野游，沐浴自然。中科院武汉植物园是他们家最常去的地方，黄旭华总是带着照相机和放大镜，看到感兴趣的植物或者鲜花，他立刻拿起放大镜仔细研究端详，一如他检视核潜艇的每一个零部件一样。

生日之谬

目前的一些媒体报道中，关于黄旭华的生日有不同的说法，为什么会出现这种情况呢？

由于时间久远，黄旭华中学时期的档案材料已无从查找，目前最早的材料来自上海交通大学档案馆。根据黄旭华1945年填写的《国立交通大学三十四年度招生报名单》，出生年月为民国十四年一月，即1925年1月。另一张《国立交通大学学生学籍表》中，填写的生日是1月20日。据此，两张表关于出生年月基本一致。但是，另外两张《国立交通大学学生生活调查表》和《国立交通大学学生生活调查记录表（甲）》中的生日却是"15年1月20日"，即1926年1月20日。可见，早在上海交通大学读书期间，黄旭华的出生年月就有1925年和1926年两个版本，生日为1月20日则是一致的。

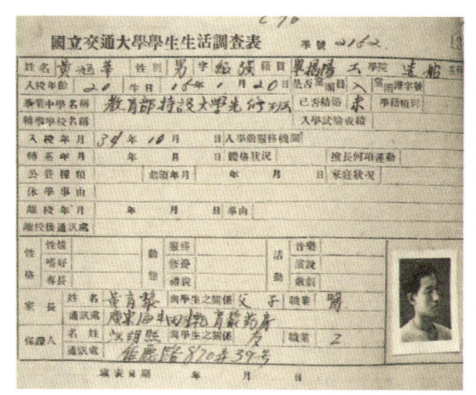

▲ 国立交通大学学生生活调查表（上海交通大学档案馆提供）

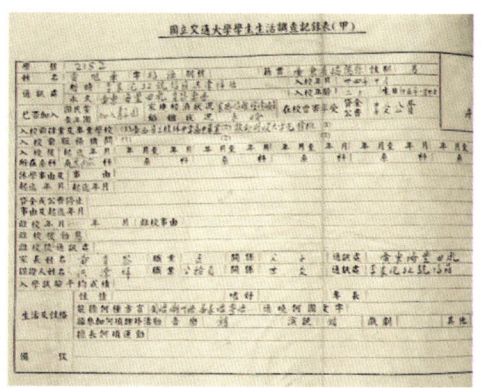

▲ 国立交通大学学生生活调查记录表（甲）（上海交通大学档案馆提供）

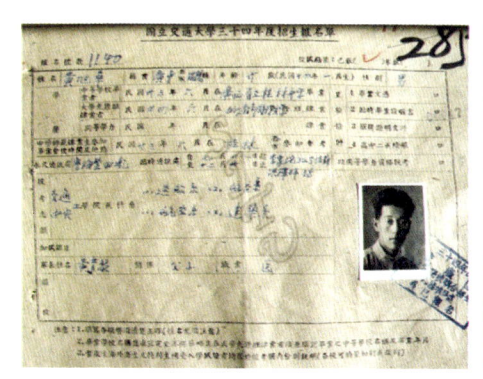

▲ 国立交通大学三十四年度招生报名单（上海交通大学档案馆提供）

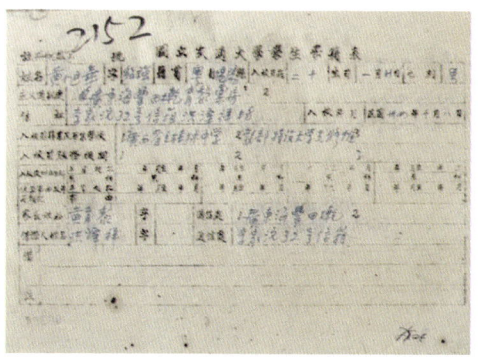

▲ 国立交通大学学生学籍表（上海交通大学档案馆提供）

通过中船重工719所有关人士查阅黄旭华人事档案发现，黄旭华在各类表格中填写的出生年月为1926年1月20日。

黄旭华的弟弟黄绍荣却明确表示："三哥（黄旭华）的生日绝对不可能是1926年，因为家中排行老四的黄秀春就出生在1926年。"

对此，黄旭华本人说，自己的生日是民国十三年正月二十，即1924年2月24日。

第七章　科研之外

黄旭华回忆说，1938年初，他随同大哥黄绍忠进入聿怀中学读书，大哥读高中，他读初中。随后不久，二哥绍振也来聿怀中学，但是读了一个多学期以后就退学不读了。当时时局动荡，聿怀中学办学时断时续，黄旭华读完初二以后离开了聿怀中学，在离开聿怀中学时黄旭华要求二哥绍振继续来聿怀中学读书。由于绍振退学不便再使用自己的姓名，黄旭华就要二哥用他的名字和出生年月继续接替他读初三。那时学校管理不是很严格，学生流动频繁，他们又是亲兄弟，因此二哥用他（指黄旭华）姓名出生年月读书不会有问题（事实上后来二哥绍振也没去聿怀中学读书）。此后，黄旭华就把出生年月改小了，在后来的广益中学、桂林中学、交通大学期间填写各种登记表时，1925年1月20日、1926年1月20日年他都填过，在交通大学后期及解放后，出生年月则一直填写1926年1月20日。

至于生日为何一直使用1月20日，黄旭华回答说那时父母亲记孩子的生日都是农历，公元纪年并不流行，读书时也没办法查询农历正月二十对应公历是几月几日，故此也就一直使用1月20日作为出生的日期。到今天，黄旭华的家人、亲属给他庆祝生日也都是农历正月二十这一天。

然而，3月12日这个生日又是怎样出笼并广为流传呢？黄旭华说这完全是出于一个误会。1984年，我国开始办理第一代居民身份证，黄旭华去派出所办理身份证时，提出自己过去所登记的1月20日是农历，要求查询一下换成公历的月日，不知户籍是因为查询错了还是估算，就说是3月12日，黄旭华当时就曾表示异议，户籍笑称好记、没事，黄旭华也就无可奈何。于是，在最具权威的身份证上，黄旭华的出生年月就变成了1926年3月12日。此后经过30余年的宣传报道，1926年3月12日就成了黄旭华的"生日"了。

黄旭华表示，他曾多次试图找机会更正自己的出生时间，可是涉及的东西太多、历史太过久远，根本没有办法做到，自己也就默认了这个生日。

自我总结

作为我国核潜艇事业的开拓者之一，黄旭华认为，自己的技术成就主要体现在核潜艇的研究与设计之中，具体表现在科学的管理思想与方法、务实的设计理念及思想、严谨的技术突破与创新。

"09"工程实施以来，黄旭华承担的任务主要有两项，一是核潜艇技术抓总，二是核潜艇总体设计，而以技术抓总为主，尤其是在其担任副总设计师之后。

我国第一代核潜艇无论是核反应堆的功率、最大潜深、最大水下航速、多项操控指标，还是第一代鱼雷及潜射导弹等武备系统的性能，均优于美苏第一代核潜艇，研制速度也比他们快，取得这样的成绩，除了各行业全体研制人员的共同努力之外，与科学的技术抓总有着很大的关系。

▲ 黄旭华在719所办公室

第七章　科研之外

核潜艇总体是一个技术平台，技术抓总就是以这个平台为基础，把核反应堆、推进系统、操纵系统、导弹（鱼雷）武器系统、水声系统、导航系统科学集成在这个平台上面，实现核潜艇的技术、战术性能要求。技术抓总既要协调总体与各技术系统的关系，保障这些技术系统能够合理的布置在总体结构上，并充分发挥其技术特点和性能，同时还要建立各技术系统的关联，从而保证核潜艇技战术性能的实现。故此，技术抓总，既要懂技术、更要懂管理，两手都要抓、两手都得硬。

对于技术抓总的重要性，黄旭华曾经形象地用汉高祖刘邦在对群臣总结如何得天下时，对"汉初三杰"张良、萧何、韩信的评价，运筹帷幄刘邦不如张良，治国安邦刘邦不如萧何，用兵之道刘邦不如韩信，刘邦的作用相当于抓总。黄旭华强调自己绝非自比刘邦，只是借这个典故比喻核潜艇技术抓总的重要性和作用，其核心还是在于对各个技术系统实现科学的集成。

在技术抓总中，黄旭华既提出了一些有价值的管理思想，又成功地运用了卓有成效的管理方法。

在思想上，黄旭华提出必须有大局观、协作观，强调总体意识，要求总体必须为各专业、各局部创造条件。

在方法上，黄旭华一方面用人不疑，给年轻人"压担子"，给实权；另一方面知人善任，给部下"担担子"，鼓励创新。

宋学斌、钱凌白、尤庆文等人多次谈到了黄旭华的大局意识和协作思想，并实例分析了这在核潜艇研制中的作用及重要性。而在管理上，他们尤其感谢黄旭华在工作中对他们的信任，放手鼓励他们去做，充分发挥自己的想法和创造性，出问题他来担责任。宋学斌和钱凌白成长为我国核潜艇研制的高级研究专家，与黄旭华的鼓励、提携有着直接的关系。

在总体设计及技术抓总中，基于当时我国的客观条件及核潜艇发展的总体趋

▲ 2003年黄旭华在719所办公室

势，黄旭华认为自己提出了一些务实的设计理念，并把自己的设计理念归纳为两个方面，一是"尖端与常规"的综合观念，二是"毒蛇"思想。前者立足当时、后者放眼未来。这些理念对于我国第一代核潜艇顺利研制完成及新一代核潜艇的研制起到了很好的指导作用。

按照中央的决策精神，我国第一代核潜艇主要解决"有无"的问题，政治意义大于技术创新。按照这个原则，黄旭华认为第一代核潜艇实质上就是解决艇、堆、弹的综合问题，只要把现有的常规技术实现很好的综合，就能制造出具有尖端水平的核潜艇。这一有机综合的观念得到了彭士禄、黄纬禄、赵仁恺、张金麟、尤子平等人的认同，也体现和贯彻在我国第一代核潜艇"091"和"092"两种型号的研制之中。我国第一代核潜艇大部分技术性能指标及制造速度全面优于美苏第一代核潜艇，充分验证了黄旭华的"尖端与常规"综合设计理念的正确性和务实性。

黄旭华认为，他所提出的关于弹道导弹核潜艇研制的"毒蛇"设计思想恰恰从正反两个方面证明了他的思想的科学性和前瞻性。在设计"092"时，他提出了注重潜艇降噪设计，提高核潜艇的隐蔽性。可惜的是，他提出的这一设计思想在当时并未得到重视和采纳，结果我国第一代核潜艇交付海军后，因为噪声过大的问题饱受高层及军方质疑，甚至有西方媒体对我国核潜艇的噪声进行调侃。在我国新一代核潜艇的研制中,"毒蛇"思想所体现的隐蔽性受到空前重视,服役的新一代核潜艇也因为隐蔽性能的提高,战略威慑能力也大幅提升。我国核潜艇研制思想的转变客观上证明了黄旭华核潜艇"毒蛇"设计思想的科学性和前瞻性。

无论在第一代核潜艇的总体设计还是在技术抓总中,黄旭华认为自己做出了一些谨慎的技术突破与创新,并认为何梁何利基金评选委员会给自己的评价还是比较客观的。1995年,黄旭华获何梁何利基金技术科学奖,

▲ 何梁何利基金1995年度科学与技术进步奖证书(1995年10月19日颁发)

何梁何利基金评选委员会在其出版的获奖者传略中,对黄旭华的技术成就进行了系统的总结,并予以详细的描述。

黄旭华是研制我国第一代鱼雷核潜艇和弹道导弹核潜艇的创始人之一。在中央领导下,他和其他科研人员一起,开拓了我国核潜艇的研制领域,主持过我国第一代鱼雷核潜艇和弹道导弹核潜艇从方案论证、研究设计、施工建造到试验、航行各阶段的技术工作,他成功地组织技术人员研究提出全艇主要配套设备项目,参与制定艇与动力、武备协调的总体方案,主持组织多项重大技术攻关项目的研究,决策采用适合水下高速航行的水滴型艇体和用围壳舵与艉水平舵相结合的操舵方式,牵头组织技术人员推导出弹舱大直径双排大开孔等耐压艇体结构设计计

算方法，协调处理艇上各系统之间和系统与总体之间的协调匹配关系以及参与指挥水下发射运载火箭和深水试验等大型试验，为我国继美、苏、英、法之后，成为第五个自行研制出核潜艇的国家做出重大的贡献。

黄旭华在研制我国第一代核潜艇中的主要科学技术成就有如下几个方面：

（1）成功地组织技术人员研究提出全艇主要配套设备项目和艇的战术技术性能指标与总体方案

为了合理准确地提出全艇主要配套设备项目和艇的设想方案，研制工作开始时，黄旭华和其他同事一起，首先组织技术力量对国外有关情报资料和国内科研生产能力进行广泛深入的调研，切实可行地制订出我国第一代核潜艇战术技术指标和总体方案并确立研究课题，组织重点攻关。

在论证总体方案时，黄旭华和科技人员一起，通过深入讨论分析，认为大规模的尖端系统工程，都是立足常规，由许多不同专业技术组成的综合体，不仅要对一些关键技术进行重点攻关，更需要注重对现有成就的技术成果进行综合运用，在运用中加以发展；要围绕核动力应用于潜艇带来的要求和特点，充分发挥核动力的优势，使各项技术有机地相互协调配合，配套成龙，达到总体性能的最优化。艇的总体研究重点，首先是解决好适合水下高速航行的水滴型艇体和大深度下大直径、大开孔耐压艇体及艏、艉端结构；装置系统的研制要集中力量解决核动力装置、人工大气环境、以惯导为中心的综合导航系统、水声综合站、大深度自导鱼雷武备系统、远程快速通讯和自动操纵系统等。对于导弹核潜艇，还要突出解决水下发射技术，并带动与使用导弹武备有关的重大设备的研制。实践证明，艇的战术技术指标和总体方案的制定以及全艇主要配套设备项目的提出，都是准确、合理、切实可行的。

（2）决策采用适合水下高速航行的水滴型艇体和用围壳舵、艉水平舵相结合

的操舵方式，成功地解决水下高、低速航行时的稳定性和机动性

为了更有效地发挥核动力应用于潜艇的优越性，早在1958年开始探索核潜艇方案时，黄旭华和其他技术人员就认为适合水下高速航行的水滴型艇体是核潜艇的理想线型。黄旭华等在进行大量的试验研究，取得丰富的试验数据之后，决定一步将核动力和水滴型艇体相结合，成功地研制出我国的水滴型核动力潜艇。

我国核潜艇经过水下满功率全速航行试验和水下发射模型弹及运载火箭多次试验以及交付海军使用以来的实践证明，我国核潜艇水滴型的采用和水下操纵面的设计，是非常成功的。

（3）牵头推导出艇体直径比常规动力潜艇大约1倍，特别是导弹舱特大直径和双排大开孔等耐压艇体结构的设计计算方法

核潜艇耐压艇体直径比常规动力潜艇大约1倍，且相当部分采用锥壳结构，其设计计算方法和艏端大直径耐压平面舱壁及大型玻璃钢导流罩结构设计计算方法是重大技术难题之一，尤其以导弹舱大直径双排大开孔耐压体结构设计更为突出。

黄旭华组织技术人员，论证了多种结构方案，经过弹、艇和发射装置与艇体结构的多次协调和模型试验分析比较，他合理地选择了圆柱体结构和断二连二肋骨布置形式。对于发射筒的固定方式，他采用了外筒支撑和变断面肋骨的新的结构形式，增强了上下部耐压体刚性，限制了壳体总失稳形态，提高舱室总体失稳压力。与结构设计的同时，他还主持确定耐压艇体结构设计计算方法，组织进行多种缩比模型试验，验证了结构强度及导弹发射筒变形技术指标的合理性。建成的导弹舱结构，经过艇体泵压试水鉴定、质量复查鉴定和多次水下发射模型弹和运载火箭试验，证明了结构设计的合理性和工艺方案的正确性。

此外，在研制我国第一代鱼雷和弹道导弹核潜艇全过程中，黄旭华成功地参

与协调处理好核动力一、二回路和电力系统及全艇诸系统之间以及它们和总体之间的协调关系，做到各系统匹配协调、整体优化。在执行潜艇水下发射运载火箭的多次海试任务中，他作为核潜艇工程总设计师、试验指挥部首区副总指挥、船舶工业总公司技术总负责人，严格执行中央首长和上级的指示，在现场及时处理许多重大技术问题。他组织技术专业人员，采用导航系统码头标校新技术。保证了惯性导航系统和星光导航系统零位的准确性和稳定性，保证了核潜艇水下发射定位系统的精度。他参加了核潜艇极限深度深潜、水下满功率全速航行和大深度发射鱼雷三项深水试验，担任试验领导小组成员和技术总负责人，对试验中出现的几项涉及艇的安全等重大问题，与有关技术人员研究分析，及时提出措施，制定决策，并亲自随艇下潜到极限深度，为保证试验顺利进行作出贡献。[①]

宋学斌是由黄旭华一手提拔和培养起来的我国首批"船舶设计大师"，1962年以来全程参与第一代核潜艇设计建造，现任我国新一代核潜艇型号副总设计师、总设计师。宋学斌认为：

黄院士是我国第一代核潜艇的设计总师。他开拓了我国核潜艇研制领域，是我国第一代鱼雷核潜艇和战略导弹核潜艇的创始人之一。为我国核潜艇研制作出了卓越贡献。

从专业角度看，黄院士对于核潜艇研制工作的突破和创新：

（1）在第一代核潜艇首制艇上，就采取了适合水下航行的水滴型艇体

美国是经过常规线型、常规动力水滴型，然后才是核动力水滴线型，他们是

[①] 何梁何利基金评选委员会：《1995何梁何利奖》。北京：科学出版社，1996年，第244—246页。

三步走的过程，我们则是一步，黄院士从58年开始探索核潜艇，首先遇到的就是线型问题，经过多年研究、分析和试验，他果断决策采用水滴线型。

（2）水滴线型艇水下航行垂直面内的稳定性和操纵性是个关键技术

特别是水面低速发射导弹，对艇的控制面要求很高。当时我们总体设计人员和操纵设计人员共同研究改进措施。但是我是负责09-1艇艏舱和指挥室围壳设计的人，我探索把原来的艇首水平舵，移到指挥室围壳上，既解决首鱼雷舱甲板装置的困难，但艇的动压中心后移，当时搞操纵性的人，提出异议，但是黄院士坚持通过模型水池试验再决定。事实证明黄院士的决策是对的，首水平舵移到指挥室围壳后，虽然动力中心后移，但艇采用围壳舵和尾水平舵联合操舵可以很好解决核潜艇高、低速的稳定性和操纵性，而且艇利用围壳舵中低速可以做到无纵倾升降。为了获得流动力参数，黄院士组织了旋臂水池、风洞多次模型试验和自航核试验，以及计算机仿真试验研究。实践证明我国核潜艇操纵性设计是非常成功的。

（3）黄旭华总设计师在解决我国弹道导弹核潜艇水下发射技术等方面成绩卓著，显示出他决策工程问题的卓越才能

在导弹核潜艇的设计方面，他解决了导弹在艇上存放、运载、发射及与此相关给艇带来的一系列问题。特别值得提出的是，为了使艇在发射时的纵摇、横摇、角速度、升沉、偏航向等完全满足导弹发射的要求，美国第一代导弹核潜艇曾在艇上安装了60多吨重的稳定大陀螺。而他通过大量研究计算分析，认为可以通过改进艇的耐波性和操纵性入手，不采用稳定大陀螺，从而节省了大量财力和精力，满足了发射条件。在我国几次第一代"巨浪"1号弹道导弹海上发射飞行试验中，黄院士都是发射现场的总师之一。同时也是中船总系统的技术负责人，负责艇总体性能、发射装置及发射动力系统与导弹的匹配与协调。"巨浪"2号发射试验，

我作为总师在指挥大厅，深深体会到这一担子的压力。我国第一代导弹核潜艇从水下发射了10发模型弹，5发"巨浪"1号零二批遥测弹，各发弹均安全出水，各项内弹道参数均符合要求。

（4）黄院士在结构力学方面做出突出贡献。他组织多项结构力学模型试验。对比分析弹舱耐压船体"8"（字体）和圆柱体，弹舱导弹发射筒两端刚性固定和一端固定一端悬挂方案，对弹舱总体稳定性影响。最后决断弹舱耐压结构采用"双排大开孔"结构，为弹舱结构设计打下有力的技术基础。

黄旭华认为自己在技术上的贡献与宋学斌总师密切相关，宋学斌也是这些技术突破与创新的参与者和执行者。宋学斌作为我国新一代核潜艇研制的型号总师，对核潜艇研制的技术有更为专业的领悟，因此对黄旭华技术成就的总结和评价具有较高的针对性、权威性和代表性。

此外，黄旭华认为在当时的政治环境下，他所做出的技术突破与创新是非常严谨的。当年，他对拟采用的技术方案与方法并不盲目决策，尽可能进行较长时

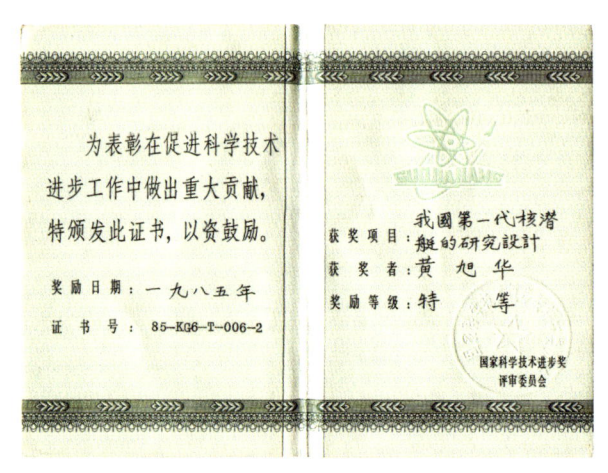

▲ 国家科学技术进步奖特等奖证书（1985年颁发）　　▲ 国家科学技术进步奖特等奖证书（1996年12月颁发）

间的实验与试验，取得丰富的试验数据加以分析与审查，同时广泛听取各方面的意见，评估利弊，最终做出决定。正因为他的技术方案是严谨的，故此实施的过程中也比较顺利，并最终在核潜艇的建造及服役过程中经过验证认定是正确的。

黄旭华认为自己在我国核潜艇研制上的成就与贡献除了体现在科学管理、设计理念和技术突破与创新三个方面外，他还做了一项非常有意义的贡献，那就是建立起核潜艇研制设计的情报搜集工作。科学技术研究也好、工程设计也罢，它山之石可以攻玉，资料情报的参考、借鉴及启示往往能够起到巨大的作用，情报资料的搜集本身也是科学研究及技术设计的重要方法。黄旭华从参与"09"工程以来，尤其是出任总设计师及所长等负责人之后，专门建立了情报资料搜集部门。尽管国外对这些高技术资料的封锁很严，但是百密一疏，依然可以从只言片语中或者新闻报道中嗅到一些有价值的情报资料。黄旭华指出，我国第一代核潜艇的研制设计中，他们还是通过多种途径收集到了一些有价值的各种类型的情报，并对核潜艇研制设计及相关技术攻关起到了很好的作用。比如前文提到的核潜艇模型，虽然是一个儿童玩具，但对于从未搞过核潜艇的中国设计师来说，却起到了很好的验证与借鉴作用。

作为我国第一代鱼雷核潜艇和弹道导弹核潜艇研制的创始人之一，黄旭华的贡献是巨大的，他也因此获得了很多大奖及崇高的荣誉。1978年获全国科学大会奖，1982年获国防科工委二等奖，他参与完成的我国第一艘核潜艇研制获1985年国家科学技术进步特等奖，参与完成的导弹核潜艇研制获1996年国家科学技术进步特等奖，1986年被授予中国船舶工业总公司劳动模范，1989年被授予全国先进工作者，1994年获评中国工程院首批院士，1995年获何梁何利基金技术科学奖。黄旭华也因为在核潜艇事业上的巨大贡献而受到党和国家及军队高级领导人江泽民、胡锦涛、李鹏、聂荣臻、刘华清、赵紫阳、杨尚昆等人的多次接见。

参考文献

［1］王艳明.誓言无声铸重器：黄旭华传[M].北京：中国科学技术出版社,2017.

［2］《当代中国》丛书编辑部.当代中国的船舶工业[M].北京：当代中国出版社,1992.

［3］《当代中国》丛书编辑部.当代中国的核工业[M].北京：中国社会科学出版社,1987.

［4］《当代中国》丛书编辑部.当代中国海军[M].北京：中国社会科学出版社,1987.

［5］《回顾与展望》编辑委员会.回顾与展望——新中国的国防科技工业[M].北京：国防工业出版社,1989.

［6］中国科学技术协会.中国科学技术专家传略：工程技术编 交通卷[M].北京：中国科学技术出版社,1995.

［7］寒羽.核潜艇[M].北京：人民出版社,1996.

［8］何梁何利基金评选委员会.1995何梁何利奖[M].北京：科学出版社,1996.

［9］周济.科技创新院士谈（上）[M].北京：科学出版社,2001.

［10］许国志,陈太一.院士谈教育[M].福州：福建教育出版社,2002.

［11］刘华清.刘华清回忆录[M].北京：解放军出版社,2005.

[12] 朱隆泉.思源湖——上海交通大学故事撷英[M].上海：上海交通大学出版社,2006.

[13] 上海交通大学党史校史研究室.民主堡垒：战斗在交通大学的地下党(1925~1949)[M].上海：上海交通大学出版社,2007.

[14] 中共武汉市委组织部,武汉市科协.江城院士风采[M].武汉：武汉出版社,2008.

[15] 中共江津区党史研究室.中国共产党江津地方历史(第一卷):1926—1949[M].北京：中共党史出版社,2009.

[16] 潘敏,李建强.思源致远,百年神韵——上海交通大学文化研究[M].北京：高等教育出版社,2011.

[17] 辛亨复.辛一心传：一个中国造船科学家的奋斗[M].上海：上海交通大学出版社,2012.

[18] 杨连新.见证中国核潜艇[M].北京：海军出版社,2013.

[19] 朱乐民.潜艇的成功航行取决于有才干的潜艇设计师[N].人民日报(海外版),1985-12-01.

[20] 郗其新,刘景之.新型导弹潜艇[N].光明日报,1987-07-28.

[21] 黄彩虹,曹国强.中国核潜艇的诞生[N].人民日报(海外版),1988-08-29.

[22] 金凤.中国核潜艇工程总设计师黄旭华[N].中国老年报,2001-07-03.

[23] 郑冰利.烈士鲜血染红楼——见证者钟文琴老人谈田墘"红楼事件"[N].汕尾日报,2011-08-06.

[24] 陈娟.一家祖孙四代11人从事教育事业令人敬佩[N].桂林日报,2011-09-11.

[25] 黄晓旋,郑楚藩.人杰地灵新寮村"中国核潜艇之父"黄旭华故乡[N].揭阳日报,2013-01-31.

[26] 王建蒙.“水下核盾”,鲜为人知的往事[N].解放日报,2014-01-10.

[27] 徐元.中央媒体集中报道黄旭华先进事迹[N].中船重工报,2014-06-06.

[28] 祖慰.赫赫而无名的人生[J].文汇月刊,1987(6):2-11.

[29] 郗其新.深海霹雳[J].航天,1989(1):2.

[30] 刘景之.记导弹核潜艇的总设计师黄旭华[J].军事世界(香港),1989(7):12-13.

[31] 陈右铭.英明的决策,艰巨的任务[J].海军装备,1989(4):14.

[32] 蒋兵.黄旭华和中国核潜艇[J].新华文摘,1995(12):122-123.

[33] 顾宗炎.五洋捉鳖,九天揽月——回忆26年前我国第一艘核潜艇首航成功[J].现代舰船,1997(10):34-36.

[34] 吴锴.战略核潜艇的设计思想:访中国工程院黄旭华院士[J].兵器知识,2000(4):2-5.

[35] 吴锴.攻击型核潜艇的设计思想:再访黄旭华院士[J].兵器知识,2000(6):22-25.

[36] 丁群.我国第一艘核潜艇诞生记——访总设计师、工程院院士黄旭华[J].名人传记,2002(2):58-61.

[37] 李忠效.核潜元勋陈右铭[J].报告文学,2002(5):16.

[38] 刘炜.从玩具到核潜艇——中国核潜艇总设计师黄旭华的故事[J].孩子天地,2002(12):4.

[39] 李生云.深海有约——记中国战略核潜艇设计者黄旭华院士[J].科学课,2004(6):4-5

[40] 朱隆泉,孙光二.造船巨擘叶在馥[J].上海造船,2007(4):5.

[41] 佚名.我国核潜艇研制始末:美国模拟玩具泄露天机[J].科学大观园,2009(15):2.

[42] 姜浩,丛语.中国核潜艇发展亲历记——访我国第一代核潜艇总设计师黄旭

华院士[J].兵工科技,2010(17):12-20.

[43] 水冰.核潜艇的"七朵金花"[J].舰船知识,2011(4):30-31.

[44] 木易.核潜艇的试航、交艇[J].舰船知识,2011(4):28-31.

[45] 钟言.研究、传承、弘扬核潜艇精神建设社先进文化——核潜艇精神高层论坛召开[J].国防科技工业,2012(12):50-51.

[46] 刘军青,鄂松权.犁浪遨游固海疆[J].军工文化,2014(3):48-51.

[47] 黄旭华,张红岩,来芙萍."我没有辜负对组织的誓言!"[J].紫光阁,2014(7):2.